시 하나, 소설 하나—

소박한 당신의
문학 수업

시 하나, 소설 하나—
소박한 당신의 문학 수업

초판 1쇄 발행 2022년 12월 15일

지은이 | 김미경
펴낸곳 | (주)태학사
등록 | 제406-2020-000008호
주소 | 경기도 파주시 광인사길 217
전화 | 031-955-7580
전송 | 031-955-0910
전자우편 | thspub@daum.net
홈페이지 | www.thaehaksa.com

편집 | 김선정 조윤형 여미숙
디자인 | 이영아
마케팅 | 김일신
경영지원 | 김영지

값 18,500원
ISBN 979-11-6810-120-3 03370

도서출판 날은 (주)태학사의 인문·에세이 브랜드입니다.

책임편집 김선정
디자인 김회량

시 하나, 소설 하나—

소박한 당신의
문학 수업

책따세
김미경 선생님과
함께하는

문학 수업의
모든 것

날

"일상에서 쫓기고 있는 한 마음의 평범한 상태를 흔들어 시적 상태로 바꾸어놓는 것"[*]
"우리의 생을 잠시 흔들어 가치들의 좌표가 바뀌는 것, 그리고 질문하게 하는 것"[**]

우리의 문학 수업이 궁극에 가서 닿아야 할 자리다. 우리 수업이 이러한 궁극의 문학 수업에서 멀어질수록 교실은 생기를 잃고, 교사가 오랜 시간 쌓아온 문학에 대한 애정 역시 빛이 바랜다.

어떻게 해야 당신과 나의 문학 수업이 이러한 궁극의 문학 수업에 이를 수 있을까? 어떻게 해야, 흰 종이와 검은 글자의 조합이라는 듯 시 앞에 눈빛을 걸어 잠근 학생들이 마음껏 시의 바다에서 자유롭게 헤엄치는 모습을 볼 수 있을까? 작품 읽을 시간을 줘도 끝까지 읽으려 않고, 책상 위에 얼굴을 파묻기 일쑤인 학생들이 어떻게 해야 본래 저희가 즐겨오던 이야기 중 하나로 좋은 소설을 누리게 될까? 오늘도 문학 수업을 준비하면서, 잠긴 아이들의 눈빛을 열 바로 그 접속 코드 하나를 찾으려 궁리에 궁리를 거듭하고 있을 당신과 함께 그 답을 마련하고 싶어 이 책을 썼다. 1부에서는 시 수업을, 2부에서는 소설 수업을 다루었다.

---

[*]   황현산, 《잘 표현된 불행》, 문예중앙, 2012.
[**]   신형철, 《몰락의 에티카》, 문학동네, 2008.

1부 시 수업에서는, 시에 대한 이해와 사랑이 깊은 교사가 시를 읽는 것으로 수업을 시작해보지만 초점을 잃고 짝과 장난치기 일쑤인 교실을, 어떻게 생기 넘치는 시 교육의 장으로 바꿀 수 있는지 단계적으로 제시해보았다.

　우선 시집을 스스로 맛보고 느끼고 즐기며, 좋아하는 시를 골라 해설글을 써보는 수업에서 시작했다. 수업을 기획할 때 자신감을 가질 수 있도록 학생들 스스로 시를 자유롭게 골라 읽기 좋은 시집 목록과 시 해설 글쓰기 수행평가 학습지 전문을 자료로 실었으니 함께 살펴보면 좋겠다.

　다음 장에서는 "한 시인 깊이 읽기" 수업으로 나아간다. 시도 결국 누군가의 삶의 이야기라는 점에 착안했다. 시인의 삶과 대표시를 엮어 읽는 동안, 학생들은 시 장르를 자신이 만지고 느낄 수 있는 어떤 것으로 받아들이는 역량을 키워간다. 이육사, 윤동주, 김소월, 정지용 외에도 수업에 참고할 만한 시인 평전 목록을 자료로 실어두었다. 수업 때 학생들의 몰입도를 올려줄 수 있는 시 낭독 파일도 20편 만들어 올렸으니 널리 활용하면 좋겠다.

　다음으로 "시적 장면으로 시 감상하기" 수업으로 나아간다. 시 한 편을 놓고 그 자체로 해석하는 힘을 기르는 수업이다. 시가 실어 나르는 정서의 전달자인 시적 화자의 목소리를 찾는 것에서 출발해, 화자가 처한 상황을 파악하고 그의 현재 심정을 이해하는 데까지 나아갈 수 있게 체계적인 발문을 놓아가는 법을 중심으로 살피면 좋을 것이다.

　마지막으로 "시 창작 수업"의 네 단계를 제시했다. 짧은 시 즐겨 읽고 필사·암송하기에서 출발해, 짧은 시 쓰고 고쳐쓰기, 본격 시 쓰기, 고쳐쓰기를 통해 시적인 표현법 터득하기로 나아가는 수업이다. 자신만의 시를 한 편 써보면 시의 정수에 대해 제대로 고민할 기회를 갖게 된다는 점, 그리고 자신의 삶에서 시다운 것이 무엇일까 돌아보는 과정에서 얻는 정서 교육의 효과에 주목한 수업이기도 하다. 수업의 전 단계를 한눈에 볼 수 있도록 시 창작 수업 학습지 전문도 자료로 실었다.

2부 소설 수업에서는, 드라마나 웹소설 등 스스로 즐기는 장르에 대해 학생들이 이미 갖고 있는 능동적인 이야기 감상 태도가 소설로까지 확장되게 하려면 어떻게 해야 할지, 그 방법을 장르별로 제시해보았다. 문장 위주로 교사가 짚어가며 내용을 해설하고 작품 뒤에 실린 문제를 풀면서 주제와 특징을 정리하는 식으로 흘러가기 쉬운 교과서 소설 수업이, 이야기가 도란도란 스며나오는 소설 교육의 마당으로 바뀌는 과정을 떠올려 보면 좋겠다.

우선, 성장 소설로 장편소설의 첫 경험을 만들어준다. 청소년이 자신을 투영해 읽기에도, 서사의 흐름을 놓치지 않고 따라가기에도 좋은 성장 소설을 활용해 문학적 체험을 쌓고, 이를 또래와 나누며 감상 능력을 향상하는 경험을 선물할 수 있다. 장편소설 독서 후 평가를 구술 평가로 진행할 때 필요한 안내문과 교사용 채점표도 자료로 실어두었다. 장편소설 17종에 대해 학생들의 감상 폭을 넓히기 위한 심층 질문도 만들어 실었으니('보물 질문') 이것도 활용해보자. 중·고교로 나누어 성장 소설 추천도서 목록도 실었다.

다음 장에는 "단편소설 읽기" 수업을 제시했다. 인간과 사회를 보는 눈을 길러주기 위해 동시대와 호흡하는 단편소설에 주목해보자는 것이다. 짧은 분량 속에 인생과 세계의 한 단면을 드러내는 압축이 있고, 한 호흡에 읽기에도 좋은 동시대 단편소설을 함께 읽으며 학생들의 시야를 틔워보자. 수업을 기획할 때 활용할 수 있도록 단편소설 목록도 자료로 실어두었다.

다음으로 교과서에 실린 소설을 어떻게 수업하면 좋을까를 제시했다. 문학사적으로는 검증된 작품이지만 문학 독해 능력이 떨어지는 학생들이 쉽게 몰입해 읽을 작품들은 아니기에, 설명 전달식 수업으로 바래기 쉬운 교과서 소설도 학생 스스로 읽어낼 수 있는 방법이 있다. '훑어 읽기, 어휘 퀴즈, 꼼꼼히 읽기, 줄거리 이해, 왜 그랬을까 토의'로 이어지는 소설 감상 5단 도움닫기를 충실히 마련한다면 말이다. 교과서에 자주 실리는 소설 7편에서 추출한 어려운 낱말('단어장')과 학생들의 감상을 확장할 수 있는 발문 모음('왜 그랬을까' 토의)도 자료로 실었다. 또 소설 속 어려운 낱말을 활용해 수업 시간에 활용할 어휘 퀴즈도 만들어 실었으니 널리 활용했으면 좋겠다.

마지막 장에는 "고전소설 원전 읽기"를 제시했다. 언제나 작품 일부만 실리고 나머지 내용은 전체 줄거리로 대체돼 골칫거리 천덕꾸러기 취급을 받는 고전소설을 차라리 원전으로 읽어냄으로써, 고전 속에 배어 있는 우리네 삶의 원형을 맛보는 과정을 다뤘다. 물론 '작품 맛보기, 대화 따라가기, 명장면 꼽아보기, 주제 음미하기'의 도움닫기 장치를 함께 제시했다. 《춘향전》 원전 읽기를 예로 들어, 고전소설 읽기 수업 학습지 전문을 자료로 실어놓았으니 확인해보자.

오랫동안 문학을 껴안으며 좋은 삶이란 무엇인가, 세계는 어떠해야 하는가 하는 질문을 멈추지 않은 이 땅의 문학 교사인 당신에게 이 책을 바친다. 저 별이 아스라이 멀듯 궁극의 문학 수업으로 가는 길은 멀지만, 문학의 힘으로 내 앞의 아이들의 삶이, 그네들의 마음이 나아질 수 있다는 것을 당신은 안타깝도록 믿고 있기 때문이다.

짧은 겨울 햇살 아래, 재깔거리는 아이들 웃음소리가 하얀 운동장에서

소설 수업

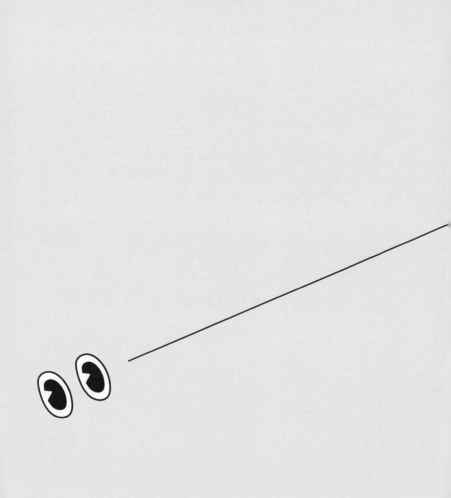

시업

시의 바다에서
자유롭게 헤엄치기

첫 시간,
시의 빗장을
풀어라

어떤 시를 읽을까?

시집 한 권 고르기

교실에서 시 단원 수업을 할 때 자주 펼쳐지는 장면 하나. 문학을 사랑하는 교사가 시에 대한 사랑에 달떠, 시를 잘 이해하지 못하는 학생들에게 시를 읽어주고 뜻을 해설한다. 그러나 학생들의 눈은 교실을 벗어나 공상 속으로 달아난다. '검은 건 글씨요, 하얀 건 종이'라는 듯한 무관심의 상태로. 시는 자신과는 상관없는 흰 종이와 검은 글자의 조합이라는 느낌에 가깝다.

왜 이런 현상이 일어날까? 대개 국어 교사는 시에 대한 이해와 사랑이 보통 사람보다 깊다. 중고교 시절 교과서에 실린 시 정도는 다 이해했고 대학 때 전공으로 많은 시를 접했으니 당연하다. 그래서 본인이 아끼고 좋아하는 시를 들고 기대감으로 교실에 들어가 시를 읽는 것으로 수업을 시작해보지만, 이미 아이들의 눈은 초점을 잃었거나 짝과 장난치고 있기 일쑤다. 안타까운 마음에 시의 맥락이나 시어의 숨은 뜻을 설명해줘도 귀 기울이는 아이들은 거의 없다. 무슨 암호냐는 투다. 어떻게 해야 잠긴 시의 빗장을 풀고 학생들이 시의 세계로 들어가게 할 수 있을까?

교과서에 실린 시를 아이들이 무관심이나 비호감으로 대하는 것이 자연스럽다는 것을 인정하는 것에서 시 수업은 시작될 수 있다. 짧게 잡아도 십 년 이상 시를 읽어온 국어 교사와, 수업 시간에 수동적으로 읽어본 몇 편의 시 외에는 시를 제대로 경험해본 적이 없는 아이들 사이에는 시를 이해하는 데 필요한 배경지식에 엄청난 차이가 있다. 일상어와 유사한 산문의 언어에 비해 시에 쓰인 언어는 독특한 문법을 동원해야 읽을 수 있다. 비유와 생략, 함축을 본령으로 하는 시어는 아이들에게는 풀기 어려운 암호문으로 다가오기 십상이다.

그런데 이 간격을 메운다고 설명 위주의 수업을 하기보다는, 아이들이 스스로 시를 맛보고 느끼고 즐기게 하는 수업을 준비하는 것이 중요하다. 아이들의 눈높이를 인정하고 그에 맞는 활동으로 시 수업을 열어야 한다는 것이다. 시 수업의 첫 단추로 "시집에서 내 수준에 맞는 시 자유롭게 골라 읽기"를 제안하는 이유다. 아이들이 스스로 시집을 펼쳐 들고, 시를 자유롭게 골라 읽고 즐기게 하자는 것이다. 이때 아이들 눈높이에 맞는 시집을 제시하는 게 가장 먼저 필요한데 다음 책들을 활용할 만하다.

우선 기본이 되는 시선집을 넉넉히 준비한다. 나는 전국국어교사모임이 엮은《국어 시간에 시 읽기(1~4)》와《문학 시간에 시 읽기(1~4)》를 많이 활용했다. 중학생이라면 앞의 책을, 고등학생이라면 뒤의 책을 한 학급 인원수보다 많게 준비해두었다가 수업시간에 나눠준다. 넉넉히 준비하는 이유는 나눠준 책을 다 읽은 학생이나 흥미를 못 느끼는 학생들에게 책을 계속 바꿔주기 위해서다.

《국어 시간에 시 읽기》는 학생 창작시와 쉬운 시가 많이 실려 있어서 교사의 해설 없이도 중학생 정도면 스스로 공감하며 읽을 수 있다.《문학 시간에 시 읽기》는 모두 시인의 시에서 선별했지만 '가족', '사랑', '이별' 등 아이들이 쉽게 이해할 수 있는 주제부터 출발해 '교육', '역사' 등 점차 주제를 확장해 나가는 방식으로 시를 묶어놓아 고등학생 정도면 스스로 읽을 수 있다.

물론 중학생이라도 같은 학생들을 여러 해 가르쳐서 시집 선정에 변화를 주고 싶거나 시 이해 능력이 좋은 학생에게 다양한 시를 접하게 하고 싶을 때, 반대로 고등학생이라도 나눠준 시집에 흥미를 못 느낀다면 서로 책을 바꿔 활용해도 좋다. 이런 학생들에게 권할 시집도 여러 권 준비해두었다가 시 읽는 수업시간에 개별적으로 권하면 좋다.

이 외에도 청소년도 읽을 수 있는 다양한 시집을 골라 책 목록에 포함하고, 학생 창작시집도 여러 권 준비하면 더욱 풍성하게 진행할 수 있어서 좋다. 이를테면《외계인에게 로션을 발라주다》(김미희)는 사춘기 두 자녀를 둔 어머니 작가가 네 식구의 일상을 소재로 쓴 시들이다.《시의 숲에서 길을 찾다》는 서정홍 시인이 쓴 시와 그 시를 읽은 제자들이 쓴 감상문을 함께 엮었다. 부모에게 느끼는 사랑, 이웃에 대한 관심, 친구 사이의 우정, 꽃과 풀 같은 작은 생명에 대한 관심 등 아이들이 자연스레 공감할 수 있는 시와 감상문이다 보니 잘 읽는다.《에고, Ego! 시 쓰기 프로젝트》(이강휘 엮음)는 고교생들의 시를 모은 책인데, 학생 시이기에 어렵지 않게 읽어낸다. 국어 시간에 매주 한 시간씩, 일 년 동안 스무 편 정도 체계적으로 시를 써본 학생들의 시 중에서 가려 뽑은 것이기에 시 창작 시간에 예시 작품으로 활용하기에도 모자람이 없다. 학생 창작시집으로《내일도 담임은 울삘이다》(김상희 외 엮음)가 더 있다.

《첫 키스는 사과 맛이야(1~2)》(고운기·박경장 해설)는 시선집이지만 시만 싣지 않고 편저자가 손바닥만 한 크기의 감상문을 덧붙여놓았다. 제1권은 한국시, 제2권은 외국시로, 시 읽기 능력이 좋은 고등학생 정도면 어려운 시도 다양하게 접해보는 기회를 줄 수 있다는 장점이 있다.《어느 가슴엔들 시가 꽃피지 않으랴(1~2)》(정끝별·문태준 해설)에서도 다양한 한국시와 편저자의 짧은 해설을 찾아 읽을 수 있다.

사실 생각보다, 학생 스스로 시를 골라 읽으면서 해석할 만한 시집이나 시선집을 찾기가 쉽지 않다. 실려 있는 시들이 청소년 독자의 읽기 수준과 생활 반경을 훌쩍 뛰어넘는 경우가 많기 때문이다. 그래서 청소년 수준에 맞게 쓴 좋은 시 해설집은 시의 수준과 시 감상의 깊이를 한껏 확장해줄 수 있어 이런 고민 해결에 도움이 된다.

시집 읽기 시간에 시 해설집을 주면 대개 학생들은 눈을 동그랗게 뜨며 "시집 아닌데요?"라고 되묻는다. 그럴 때는 실려 있는 시를 중심으로 건너뛰면서 읽되, 마음에 드는 시가 있는데 그 의미를 해석하기가 어려울 경우 해설글을 따라 읽으면 된다고 알려준다. 이런 시 해설집을 몇 권 읽고 나면 스스로 감상할 수 있는 시의 반경이 점차 넓어지는 것을 느낄 수 있다.

《시 읽는 법》(김이경)은 시 한 편을 이해하고 마침내 시를 즐겨 벗 삼는 법을 중학생 눈높이에 맞추어 안내하는 드문 책이다. 《과학실에서 읽은 시》(하상만) 역시 중학생 눈높이에서도 읽을 수 있는 시 해설집이라는 것만으로도 반가운 책이다. 《교실 밖으로 걸어 나온 시》(김선우·손택수)는 1900년대 시인부터 1980년대생 시인까지 두루 아우르며 시인과 시를 소개하고 있다. 현역 시인이기도 한 두 저자의 정갈한 입담에 이끌려 시에 관한 안목을 높일 수 있는 책이다. 《시꽃 이야기꽃》(김미경)은 자아, 상처, 고독, 부모, 사랑 등 청소년이 마주칠 수 있는 심리 갈등 상황에서 읽을 만한 시를 추천하면서 그 시를 어떻게 읽어야 할까 해설하고 있다. 《시는 노래처럼》(소래섭)은 시를 대중가요와 엮어서 기본 정서를 이해하고 은유와 상징 등에 주목해 더 깊이 있는 시 감상으로 나아갈 수 있게 돕는 해설집이다.

아이들 스스로 시를 자유롭게 골라 읽기 좋은 시집

기본 시선집

《국어 시간에 시 읽기(1~4)》(전국국어교사모임 엮음, 휴머니스트, 2020 개정판)

《문학 시간에 시 읽기(1~4)》(전국국어교사모임 엮음, 휴머니스트, 2013)

다양하게 배치하는 시집, 시선집, 학생 창작시집

《외계인에게 로션을 발라주다》(김미희, 휴머니스트, 2013) *중1부터

《내일도 담임은 울 삘이다》(김상희 외 엮음, 휴머니스트, 2012) *중3부터

《뜻밖의 선물》(배창완 엮음, 휴머니스트, 2012) *중3부터

《시의 숲에서 길을 찾다》(서정홍 엮음, 단비, 2016) *중3부터

《에고, Ego! 시 쓰기 프로젝트》(이강휘 엮음, 이담북스, 2018) *중3부터

《첫 키스는 사과 맛이야(1~2)》(고운기·박경장 해설, 놀, 2012) *고1부터

《어느 가슴엔들 시가 꽃피지 않으랴(1~2)》(정끝별·문태준 해설, 민음사, 2008)
  *고1부터

시 해설집

《과학실에서 읽은 시》(하상만, 실천문학사, 2013) *중3부터

《시 읽는 법》(김이경, 유유, 2019) *중3부터

《교실 밖으로 걸어 나온 시》(김선우·손택수, 실천문학사, 2012) *고1부터

《시꽃 이야기꽃》(김미경, 찰리북, 2014) *고1부터

《시는 노래처럼》(소래섭, 프로네시스, 2012) *고2부터

마음의 한 귀퉁이를 접어보자

깊어지는 시심, 필사부터
시 해설 글쓰기까지

시집을 가볍게 펼쳐 들고, 읽으면서 마음에 드는 시가 나오면 시집 귀퉁이를 접어두게 한다. 아이들은 주저하며 "제 맘대로 접어도 돼요?" 한다. 수업 자료로 준비한 것이니 책에 밑줄 긋고 접는 활동을 부담 없이 해도 된다고 허용해주면 슬쩍 좋아한다. 아마도 자기 시집이라도 선물 받은 것처럼 편안하고, 누군가에게 대접받는 느낌이 드는 것 같다. 충분히 시집을 즐기게 한 후 시집을 걷을 때, 귀퉁이 접어둔 것을 원래대로 잘 펴서 내라고 하면 잘 따라준다. 혹시 귀퉁이가 접힌 채로 책이 다음 시간 수업에 배부되면, "접힌 부분이 있으면 우선 깨끗이 펴놓고 읽기 시작하라"고 간단히 안내해주면 된다.

1시간 정도 편안하게 읽고, 찾고, 접게 놓아둔다. 교실 공기가 차분히 가라앉으며 잔잔히 시의 향기에 젖어든다. 아이들에게 좋은 휴식의 시간이 된다는 것을 느낄 수 있다.

한 권을 다 읽었으면 "가장 아름답게 느껴지는 시" 두 편을 고르라고 한다. 시에서 아름다움을 느낄 수 있다면 최고의 감상일 것이다. 그래서인지 많은 아이들이 "아름다움이 느껴지는 시"라는 말에 어리둥절한 표정을 보인다. 그러면 조금 수준을 낮춰 "감동적인 시"를 고르라고 한다. 그래도 없다고 하면 공감 가는 시, 다시 재미있는 시 이런 식으로 감상 수준을 낮춰서 제시하면 많은 아이들이 용기를 내서 시를 선정하는 모습을 볼 수 있다.

시를 선정했으면 A4 크기의 색지를 다양하게 준비한 후 마음에 드는 색을 고르라고 한다. 다양한 색깔의 종이를 나눠주는 것만으로도 교실에 활력이 도는 것을 느낄 수 있다. 약간 기대되는 표정으로 마음에 드는 색깔을 고르는 모습은 보는 것만으로도 흐뭇함을 준다.

종이를 10분의 7 정도 접어 하단은 비워두고 상단에 자신이 고른 시를 정성껏 필사한다. 많은 작가 지망생들이 자신은 필사하면서 습작기를 보냈다고 이야기한다. 그만큼 좋은 작품을 따라 써보는 것이 창작 능력을 기르는 기초 체력이 된다는 의미다. 출판계에도 유행이 불어 이제는 아이들에게도 익숙해진 '필사'라는 용어를 알려줘도 좋다. 또는 "띄어쓰기 하나, 행 구분,

연 구분 하나하나 시인의 의도를 존중해 그대로 따라 써보자"고만 말해줘도 된다.

아이들의 활동 모습을 지켜보면, 어떤 학생이 띄어쓰기 개념, 행과 연 개념이 없는지 금세 눈에 들어온다. 그리고 그런 학생이 의외로 많다는 것도 알 수 있다.

시를 다 옮겨 썼으면 비워두었던 하단에 자신이 옮겨 쓴 시에 대한 해설글을 쓴다. '해설'이라는 용어를 쓰면 부담스러워 선뜻 첫 줄을 떼지 못하므로, "그 시가 아름다운(감동적인, 공감 가는, 재미있는) 이유를 쓰고, 이 시를 읽고도 이해 못 하는 사람을 위해 시의 뜻을 풀이한다" 정도로 가볍게 안내해주는 게 좋다. 시 해설글은 7줄, 10줄, 15줄 정도로 아이들의 글쓰기 수준에 맞게 제시하고 차차 늘려간다.

기형도의 시 〈엄마 걱정〉을 읽고 중학생이 쓴 다음의 시 해설 글을 보자.

엄마 걱정(기형도)

열무 삼십 단을 이고
시장에 간 우리 엄마
안 오시네, 해는 시든 지 오래
나는 찬밥처럼 방에 담겨

아무리 천천히 숙제를 해도

엄마 안 오시네, 배추잎 같은 발소리 타박타박

안 들리네. 어둡고 무서워

금간 창 틈으로 고요히 빗소리

빈 방에 혼자 엎드려 훌쩍거리던

아주 먼 옛날

지금도 내 눈시울을 뜨겁게 하는

그 시절, 내 유년의 윗목

이 시의 내용은 시인이 어렸을 적 어머니가 일을 나가시면 혼자 남아 쓸쓸히 집에 있었던 이야기를 자기 어렸을 적 힘들었던 시절로 표현하고 있는 시이다.

내가 이 시를 고른 이유는 이 시인과 내가 상당히 비슷해서 공감이 되기 때문이다. 그 이유는 나도 이 시인과 비슷하게 하루에 3/4를 혼자 지내기 때문이다. 아버지는 일 때문에 주말만 오시고, 엄마는 일을 밤늦게까지 하셔서 12~1시쯤에 들어오시고, 누나도 학교가 멀어서 11시 이후에 오기 때문이다. 이렇게 혼자 있으면 시간이 굉장히 느리게 가는데, 이 시에도 '아무리 천천히 숙제를 해도 엄마 안 오시네'라는 구절로 나타나 있다. 그리고 잘 때까지 아무도 안 오면 혼자 누워 있어야 하는데, 그럴 때

굉장히 어두컴컴한데 무섭기까지 해서 굉장히 신경 쓰인다. 거기다가 천둥까지 치면 생각을 뛰어넘을 정도로 소름이 돋는다. 또 이 시의 시대적 배경은 옛날이어서 무서움이 두 배가 될 수도 있다는 생각이 들었다.

이 시의 표현 방법에는 직유법이 있다. 4행에 '나는 찬밥처럼 방에 담겨'라는 구절은 밥솥에 찬밥이 남겨져서 구석에 있다는 것을 시인 자신에게 비유시켜 자신이 혼자 방구석에 앉아 있다는 것으로 해석할 수 있다. 그리고 2행에 '내 유년의 윗목'이라는 구절은 은유법이다. 윗목은 온돌방 같은 곳에 찬 부분이라는 뜻이니 유년 시절에 쓸쓸하며 힘들었다는 것을 표현한 것 같다. (중1)

자신이 고른 시를 정성껏 필사하는 동안 학생은 자연스럽게 그 시에 자신의 경험과 기억을 투영하게 된다. 그리고 그 과정에서 느낌을 떠올리고 자신의 감정을 되새긴다. 이 학생은 지금 시의 화자가 떠올리는 유년의 기억, 그 속에 담긴 외로움에 공감하며, 그와 비슷한 자신의 경험을 털어놓으면서 시 해설을 시작하고 있다. 학생은 '아무리 천천히 숙제를 해도'라는 시구에 담겨 있는 의미, 어린아이가 혼자 있는 동안 시간이 얼마나 느리게 가는가 하는 의미를 예민하게 잡아내고 있다. 아울러 이제는 사라진 난방 형태이기에 의미를 정확히 알기 어려운 '윗목'

이라는 시어의 의미를 사전에서 확인해가며 시어가 가진 촉각과 그 감각이 품고 있는 감정까지도 정확히 짚어내는 것을 확인할 수 있다. 교사가 일방적으로 시를 해석해주거나 참고서 등을 통해 의미를 기계적으로 이해할 때는 얻을 수 없는, 문학 작품의 의미에 대한 자발적 탐구와 능동적인 대화 과정이 눈앞에 떠오르는 듯하다.

자신이 좋아하는 시를 필사한 후 이를 해설하는 글쓰기를 하는 동안, 시 수업은 단순히 시집을 읽고 즐기는 수업에서 자신이 읽은 시를 반추하고 해석하며 감상 능력을 심화하는 수업으로 발전한다. 시간이 넉넉하다면 활동 결과물을 교실에 전시하고 다른 친구가 좋아하는 시와 해설글을 미술관 관람하듯 걸어다니며 감상하게 해도 좋다. 친구의 글쓰기를 통해 여러 편의 시를 접하고 이해하게 되니 배움이 확장된다.

이 활동을 더 심화해보고 싶다면, "소설 속 등장인물에게 어울리는 시 추천하기" 활동이 좋다. 시집에서 접어둔 시들을 여러 번 읽어보며 최근 읽은 소설 속 등장인물을 떠올리게 한다. 계속 소설 속 등장인물들과 견주어가며 시들을 읽다가 소설 속 특정 인물과 딱 맞다고 생각되는 시를 한 편 고른다. 이제 고른 시와 등장인물을 연결해 글을 쓴다. 소설 속 등장인물에게 시를 추천하면서 해설글을 쓰게 하는 것이다.

김소월의 시 〈야의 우적〉을 읽고 쓴, 다음의 학생 글을 감상

해보자.

야의 우적(김소월)

어데로 돌아가랴,
내의 신세는,
내 신세 가엾이도
물과 같아라

험구진 산막지면
돌아서 가고,
모지른 바위이면
넘쳐흐르랴

그러나 그리해도
헤날 길 없어,
가엾은 설움만은
가슴 눌러라

그 아마 그도 같이
야의 우적,

그같이 지향 없이

헤매임이라

《세상에서 가장 완벽한 교실》(유진 옐친)의 갈 길 없는 사샤의
처지를 표현할 수 있는 내용의 시는 많았지만, 그중에 〈야의 우
적〉이라는 시가 가장 외로움을 나타내기 좋은 시인 것 같아 선
정했다. 심심하지 않은 시의 운율이 시를 읽는 재미를 더해주는
것 같다. 4행이 1연을 이루는, 길지도 짧지도 않은 길이에 센스
있는 사투리가 곁들여져 있어 재미있는 표현이 많이 있었고, 한
행이 끝날 때마다 '~라' 하고 마무리가 되어서 생생하고 신선한
느낌을 주었다.

1연 3~4행에 나오는 구절인 '내 신세 가엾이도 물과 같아라'라
는 말부터 글쓴이가 물이 되어서 진행된다. 험한 산막지에서는
돌아서 가고, 모지른 바위에서는 넘쳐흐른다 했다. 그러나 물
은 종착점이 없어 가엾이 설움만 가슴을 누른다 한다. 4연부터
나오고 이 시의 제목이기도 한 '야의 우적'은 '봄에 조용히 내리
는 비'라는 뜻을 가지고 있다. 4연 1~2행. '그 아마 그도 같이 야
의 우적' 이 내용이 나에게는 조금 어려웠었다. 선생님의 도움
을 받아 풀이해본 내용은 봄에 내리는 조용한 비처럼 갈 곳 없
이 헤맨다는 뜻이었다. 이 마지막 연이 독자의 감성을 건드리는
역할을 했다. 어떤 느낌이다 하고 정확하게 표현할 수는 없지만

아마 외로운 느낌과 조용한 기운이 섞인 것 같다고 생각했다.

사샤는 소설이 끝날 때에 학교에 나가지 않고 홀로 아버지를 찾으러 먼 길을 떠나는데, 이때의 사샤는 친구도 잃고 가족도 없어 외로운 상황인데, 이 상황을 감성적으로 표현하면 〈야의 우적〉이라는 시는 최적의 시인 것 같다. 나는 이 시를 《세상에서 가장 완벽한 교실》의 주인공 사샤와, 감성적인 시를 찾는 사람에게 추천해주고 싶다. (중1)

이 학생은 시를 읽으며 수업시간에 읽은 장편소설 속 어린 주인공을 떠올렸다. 《세상에서 가장 완벽한 교실》은 옛 소련의 스탈린 시대를 배경으로, 전체주의 사회의 폭력과 그 폭력이 교실을 어떻게 일그러뜨리는지를 고발한 소설이다. 순식간에 아버지와 가정의 행복, 친구들을 모두 잃게 되는 어린 주인공에게 강렬하게 감정이입이 되었던 듯, 김소월 시의 외로움과 방랑의 분위기 속에서 학생은 소설의 주인공 '사샤'를 떠올린다.

단순히 시의 분위기만 맛보는 데서 머무르지 않고 단어 하나하나, 시행 하나하나의 의미를 놓치지 않고 파고들려 노력한 흔적도 곳곳에서 읽힌다. '험한 산막지', '모지른 바위'와 그 위를 흐르는 '물', 즉 비의 행로를 따라가면서 이 물은 종착점이 없어 '가엾은 설움'만 가슴을 누를 뿐이라는 화자의 감정을 짚어낸다. 이러한 화자의 처지와 감정을 이해하면서, 모든 것을 잃고 아버지를 찾아 떠나는 소설의 마지막 장면 속 어린 주인공 사샤의 외로운 상황을 대변하는 시이기에 그에게 추천하고 싶다고 마무리하고 있다.

이와 같이 "소설 속 등장인물에게 어울리는 시 추천하기"는 한 번에 시 읽기, 시 해석, 소설 읽기, 소설 등장인물 이해, 글쓰기 능력을 동시에 동원해야 하는 종합적인 수행 활동이다. 시 감상 능력과 소설 감상 능력을 동시에 기를 수 있으며, 등장인물에게 깊이 공감해보게 함으로써 문학 교육의 최종 목표인 타인에 대한 이해와 공감 능력까지 기르게 할 수 있다.

시 해설 글쓰기, 어떻게 평가할까?

수행평가 활용하기

시 해설 글쓰기 활동을 본격적으로 수행평가에 반영하고 싶다면 어떻게 해야 할까? 편안하게 시집을 뒤적이고, 좋아하는 시를 찾고, 여러 번 읽으며 스스로 해석하는 경험 자체를 중시하는 것을 넘어서서, 시 해설글 자체의 완성도를 높이는 데 수업의 초점을 두고 싶다면 다음과 같이 준비해볼 수 있다.

우선 시 해설글에 포함되면 좋을 내용을 조금 더 체계적으로 안내한다(자료2 참고). 시 해석의 출발은 시적 화자의 상황과 정서에 대한 이해이기에, '화자의 상황과 화자가 추구하는 삶의 자세'를 파악해 그 내용이 담기게 하라고 한다. 또한 시를 읽으면서 생각나는 사람이나 떠오르는 자신의 경험이 있는지 풀어보고, 그 시가 자신에게 어떤 의미를 주는지 느껴보라고 안내한다. 인상적인 구절이나 표현이 있으면 그에 대한 해석과 느낌을 담아도 좋다.

시 해설글을 잘 쓰고 싶다면 학생들은 다음과 같은 점을 알아두어야 한다. 우선 시를 필사할 때 행, 연, 띄어쓰기를 시인의 생각을 존중하여 그대로 옮겨 쓰며 음미하도록 한다. 또 마음에 드는 시가 있는데 모르는 단어가 있다면 그냥 지나치지 말고 그 뜻을 꼭 찾아보는 게 중요하다. 언어를 경제적으로 사용해 의미를 함축적으로 전달하는 것이 시의 본령인데, 몇 안 되는 단어조차 사전적인 의미를 모르는 상태로 그 시를 해설한다는 것은 모래 위에 성을 쌓는 것이나 다름없기 때문이다.

시 해설글만이 아니라 모든 산문을 쓸 때 기본 중 기본이고 조금만 신경 쓰면 글의 전달력이 훨씬 높아지는, 그럼에도 학생들이 가장 많이 안 지키는 띄어쓰기와 문단 구분 역시 단단히 강조할 필요가 있다. 띄어쓰기와 문단 구분은 글 쓰는 이에게는 이득이요, 독자에게는 서비스이니 이를 철저히 활용하라고 주문하자.

또 다른 중요한 글쓰기 팁은 '고쳐쓰기'다. 글 한 편을 완성하고 나면 그 글을 다시 읽어보지 않고 그대로 제출하는 학생들이 의외로 대단히 많다. 자신이 쓴 글을 여러 번 소리 내어 읽어보면서 어색한 문장을 바로잡는 것만으로도 상당한 양의 비문을 고칠 수 있음을 강조한다.

나희덕의 2연짜리 짧은 시 〈천장호에서〉를 읽고 고등학생이 쓴 시 해설글을 살펴보자.

천장호에서 (나희덕)

얼어붙은 호수는 아무것도 비추지 않았다.
불빛도 산 그림자도 잃어버렸다.
제 단단함의 서슬만이 빛나고 있을 뿐
아무것도 아무것도 품지 않는다.
헛되이 던진 돌멩이들,
새 떼 대신 메아리만 쩡 쩡 날아오른다.

네 이름을 부르는 일이 그러했다

제목: 서슬처럼 빛나고 단단한 너에게

처음 이 시를 접했을 때 시인의 이름이 가장 먼저 눈길을 끌었다. 나희덕 시인님의 시를 전에도 보았던 것 같고, 그 시인만의 특유의 담담함에 관심이 생겨 보게 되었다.

1연에서 보면 '호수'라는 단어가 나온다. 하지만 그 호수는 얼어붙었고 아무것도 비추지 못했다고 언급한다. 1연 내용 자체가 호수에 대해서 설명하고 있다. 비추지도 않고, 서슬만 빛나며

또한 아무것도 품지 못한다. 그리고 마치 그 호수를 깨려는 듯 던진 돌멩이도 결국 깨지 못했다. 단단한 호수는 무슨 짓을 해도 깨지지 않았다.

2연에서는 충격적이고 놀라운 말이 나온다. '네 이름을 부르는 일이 그러했다' 이 부분을 보면 결국 호수는 '너'라는 것을 알 수 있다. 이 시에서 '너'는 단단했고, 아무것도 비추지 못하는 차가운 존재이다. 화자는 그것을 깨고 싶어 하는 사람으로 해석할 수 있다. 또한 화자는 그런 일을 담담하게 별것도 아닌 것처럼 풀어내고 있다는 것이다.

아무래도 가장 인상 깊은 부분은 2연이다. 처음에는 이게 무슨 시일까, 호수는 무엇일까 궁금했는데 2연을 보고 '아'라는 생각이 들었다. 마치 1연은 퀴즈고 2연은 정답 같은 느낌이었다.

아직 나는 호수 같은 사람은 만나보지 못했다. 그래도 이 시를 읽고 서슬처럼 빛나고 단단하며 아무것도 비추지 않는 사람을 만나더라도 화자처럼 계속 돌멩이를 던져 그 사람을 부르고 싶다는 생각이 들었다. (고1)

이 학생은 1연부터 차례로 행을 짚어가며 시구를 해석하는 방식을 택하고 있다. '호수'라는 시어가 나온다는 것에서 시작, 시어를 꼼꼼히 따라가며 시적 대상인 호수의 현재 상태를 설명한다. 전후 맥락이 과감히 배제된 채 몇 개의 서술어로 성큼성큼 건너뛰듯 전개되는 시상의 흐름을 놓치지 않고, 1연의 내용 자체가 호수에 대한 설명이며 화자가 호수 앞에서 하고 있는 행동에 대한 묘사임을 간파한다. 그 결과 적절한 해석을 가하고 있다.

해설 대상이 된 시의 이러한 생략과 맥락의 배제는 2연의 대담한 시적 전환과 만나면서 그 효과가 극대화되는데, 청소년 독자가 쉽게 이해하기 어려운 연과 연 사이의 도약을 이 학생이 어떻게 소화할 수 있었는지 이 글에 잘 드러나 있다. 이게 무슨 시일까, 호수는 무엇일까 궁금했던 학생은 아마 앞뒤가 이어지는 해설글을 쓰기 위해 이 시를 여러 번 읽어보았으리라. 그러다 어느 순간, 시의 대상인 '호수'가 결국 '너'라는 것을 알아내게 되었고, 마치 1연에서 낸 퀴즈를 2연에서 알아맞히는 구조 같다는 생각을 한다. 시의 생략 속에 숨겨진 함축적 의미를 스스로 알아낸 순간, 학생은 아마도 스스로에게 놀라움과 대견함을 느꼈으리라.

시 해설글을 쓰는 방법을 자세히 안내해주었음에도 막상 첫마디를 떼지 못하는 학생들을 위해, 시 해설글을 시작하는 쉬운 요령을 알려주는 것도 도움이 된다. 인상적인 시 구절을 인용하면서 시작하거나, 시를 읽었을 때 첫 느낌을 말하면서 시작하는 것, 시 속에 자주 등장하는 시어에 대해 말하면서 시작하는 것 등이다.

시 해설 글쓰기 수행평가는 구체적으로 어떤 기준으로 점수를 매기면 좋을까? 다음과 같은 평가 기준을 생각해볼 수 있다.

- 작품 전체의 맥락에서 타당한 근거를 들어 시 작품을 충실히 해설하는가?
- 시적 화자의 상황과 정서에 대한 이해가 드러나는가?
- 자신의 삶과 연관 지으며 시 작품의 아름다움이나 개성에 깊이 있게 반응하는가?
- 정확하고 자연스러우며 완결성 있는 문장을 구사하는가?
- 맞춤법, 띄어쓰기, 문단 구분 등 어법을 잘 지키는가?

여러 번 주의를 주었음에도 다음과 같은 경우에는 감점이 될 수 있다는 점을 알려주고 평가 기준에도 포함하는 것이 학생들 글의 완성도를 높이는 데 도움이 될 수 있다.

- 시를 옮겨 적을 때 시의 행, 연 구분 및 띄어쓰기, 맞춤법 등의 오류가 있을 경우
- 다른 이의 해설글을 표절한 경우
- 알아보기 어려울 정도로 글씨를 갈겨쓰고 띄어쓰기를 무시하는 경우

시 해설 글쓰기
수행평가 학습지

✦ 지난 시간에 읽었던 시 중에서 한 편을 골라 '시'와 '시를 해설하는 글'을 쓰시오.

시 해설 글쓰기에 포함되면 좋을 내용	Tip! 시 해설 글쓰기 시작~ 이런 방법도 좋아요
1. 화자의 상황, 추구하는 삶의 자세 2. 시를 읽으면서 생각나는 사람, 　 떠오르는 나의 경험 3. 인상적인 구절이나 표현 4. 이 시가 나에게 주는 메시지	1. 인상적인 시 구절을 인용하면서 　 시작하기 2. 시를 읽었을 때 첫 느낌을 말하면서 　 시작하기 3. 시 속에 자주 등장하는 시어에 대해 　 말하면서 시작하기

시 해설글을 잘 쓰고 싶다면 알아두어야 할 점

1. 시를 쓸 때 행, 연, 띄어쓰기를 시인의 생각을 존중하여 그대로 옮겨 쓰세요.
2. 시에서 모르는 단어가 있다면 지나치지 말고 그 뜻을 꼭 찾아보세요.
3. 띄어쓰기와 문단 구분은 글 쓰는 이에게는 이득이요, 독자에게는 서비스!
　 철저히 활용하세요.
4. 다 쓰고 나면 자신이 쓴 글을 여러 번 소리 내어 읽어보면서 어색한 문장을
　 바로잡으세요.

제목:

한 시인 깊이 읽기

그럼 이제,
시인에게
흠뻑 빠져볼까?

왜 시인의 삶인가?

시도 누군가의 '삶'의 이야기

앞에서 다룬 "시집에서 시 자유롭게 골라 읽기" 활동은 학생 참여형 시 수업을 시작하는 첫걸음으로 좋다. 교사가 시를 해설해주는 대신, 학생들 눈높이에 맞는 시집을 다양하게 준비하여 그 안에서 자신의 읽기 수준과 경험에 맞는 시를 자유롭게 골라 읽을 수 있게 공간을 펼치면, 학생들은 시에 대해서 '뭔가 내가 즐길 수 있는 것'으로 느끼기 시작한다.

첫발을 잘 뗐으니 이제 다음 단계로 나아가 본다. 학생들이 자기 수준에 맞는 시를 즐기도록 하되, 자신의 감상 능력보다 약간 높은 시를 감상하면서 점차 시 감상 능력과 문학 감상 능력을 높이도록 해보자는 것이다. 자신이 경험한 생활 세계나 감정보다 한 차원 높은 시들로 나아갈 기회를 제공해주려면 어떻게 해야 할까?

이때 무턱대고 교과서에 실린 시로 들어가면, 그동안 자신이 스스로 즐기던 시의 수준을 훌쩍 뛰어넘는 교과서 시 앞에서 학생들은 쉽게 흥미를 잃는다. 시어의 정교함에 아름다움을 느끼기보다는, 해석을 못 하고 길을 잃고 헤맨다. 교과서에 실린 시를 수업에 들여오는 순간 시 수업은 또다시 교사의 해설 위주 수업으로 빠지기 쉽다. 왜 그럴까?

같은 시를 가지고 학급 전체가 함께 수업을 하려면 학생들의 시 감상 능력이 그 시를 이해할 수 있는 수준이 되어야 한다. 만약 학생들의 이해 수준이 다르다면 토의가 일어나 서로 묻고 답하며 배울 수 있어야 한다. 그런데 대부분의 교실에는 기성 시인의 시를 읽고 스스로 이해할 수준이 되는 학습자가 매우 적다. 학생들은 스스로 시를 해석해본 경험도 적거니와 시에 관한 대화를 나눠본 적도 거의 없다. 그러다 보니 교사의 해설은 늘어나게 되고, 교실에서 시와 감상자 간에 단절이 또다시 일어난다.

교사가 해석해주는 것이 아니라, 숨겨진 보물을 찾는 마음으로 학생들이 스스로 시의 의미를 탐구하게 할 수는 없을까?

시를 스스로 탐구하려면 무엇보다 그러고 싶은 '마음'이 일어나야 한다. 그런데 그 마음은 느낌에서 출발한다. 시 어딘가에 마음이 닿아 작은 느낌이 일어나야 한다. 그래야 생각이 꿈

틀거리기 시작하고, 생각하기 시작하는 순간 시의 보물은 쏟아져 나온다.

시 어딘가에 아이들의 마음이 닿으려면, 시가 육체성을 지녀야 한다. '내가 만지고 느낄 수 있는 어떤 것'으로 시가 다가와야 마음이 가기 시작한다. 이를 위해 시를 대하기 전에 그 시를 쓴 시인의 삶을 충분히 알게 해주면 어떨까? 시인이 어떤 삶을 살았고 시대와는 어떻게 관계를 맺었는지, 시인의 삶의 결을 이해하기 시작하면 시의 언어가 새롭게 보일 것이라는 데서 이 수업은 착안되었다.

교과서에 나온 여러 시와 시인 중 한 학기에 한 명을 골라, 그 시인의 삶과 대표시 4편을 공부한다. 이육사, 윤동주, 김소월 등 대표 시인을 정해 그의 작품을 집중적으로 공부하는 것이다. 이해를 돕기 위해 이러한 "한 시인 깊이 읽기" 수업에 대한 학생들의 반응을 먼저 살펴보자.

선생님께서는 항상 시 수업하실 때 시인의 일대기를 설명해주시고 관련 영상 자료를 보여주셔서, 그 후에 시를 봤을 때 더 눈에 잘 들어왔어요. 새로운 시를 읽을 때 시인의 성향, 시를 쓸 당대의 시대 분위기 같은 외재적 요소를 머릿속에 담고 있다면 더 쉽게 시를 파악할 수 있다는 것을 절실히 느껴요. (중3)

〈쉽게 씌어진 시〉를 해석해보니, 독립에 적극적으로 도움을 주지 못한다고 생각하는 자신을 윤동주가 매우 자책하고 이 행동이 맞는 것인지 확신하지 못하고 있는 것이 아주 잘 느껴졌다. 시를 읽으며 안타까운 마음이 많이 들었다. 그래도 마지막에는 그가 스스로와 화해를 해서 참 다행이라고 생각이 든다. 만약 마지막까지 고뇌했더라면 계속 스스로를 용서하지 못했을 것 같다. 그래도 시대를 더 잘 타고났다면 좀 더 자유로이 시를 쓸 수 있었을 거란 생각이 든다. (중3)

〈가는 길〉에서 '그립다고 생각하니 그리워'라는 부분이 인간 자체의 감정을 잘 보여주는 것 같다. 김소월의 슬픈 삶과 정서가 시에 녹아들어 더 감성적으로 느낄 수 있었고, 그의 시를 해석하는 수업을 통해 시의 의미를 파악하는 능력을 더 키울 수 있었다. 김소월은 생에 별이 보이지 않는, 표현 그대로 슬픈 삶을 살았다. (중3)

　시인의 삶과 그가 살았던 시대 분위기에 대한 이해는 학생들에게 시를 '만질 수 있는 어떤 것', '가까이 다가가 탐구해보고 싶은 무엇'으로 느끼게 하는 힘이 있다. 그리고 이런 탐구욕이 열쇠가 되어 자신들 앞에 굳게 닫힌 시의 빗장을 힘껏 열어젖힌다.

"한 시인 깊이 읽기" 수업을 위해서는 시인 선정도 중요한데, 어떻게 시인을 고르면 좋을까? "시인은 사제(司祭)다"라는 말이 있다. 익숙해진 세상사에 대해 경외감을 불어넣는 것, 일상의 의식을 넘어 진실을 엿보게 하는 것이 시이기 때문일 것이다. 대상의 아름다움을 발견하게 함으로써 마음을 순정하게 하고, 살아갈 힘을 얻게 하는 데 시의 정수가 있다.

　교과서에 여러 시가 있고, 조금 수준을 낮추어 요즘 인기를 끄는 스타일의 청소년 시나 성장 시도 이따금 실리지만, 시의 이런 인성 교육 측면에 더 주목할 필요가 있지 않을까? 한창 감수성 민감한 시기의 청소년이라면 삶과 인간 정신의 아름다움을 흠뻑 느낄 수 있는 시와 시인을 "한 시인 깊이 읽기" 수업의 주인공으로 선정하는 것이 좋을 것이다.

"시는 보물찾기다"

'한 시인 깊이 읽기' 수업의 4단계

"한 시인 깊이 읽기" 수업의 흐름은 크게 4단계로 진행해볼 수 있다. "시인의 삶 이해하기—대표시 읽고 보물 단어 선정하기—교사의 도움을 받아 시의 함축적 의미 토의하기—모둠 토의로 대표시 스스로 해석하기". 각 단계에 따라 시수를 배분해보면 대략 다음과 같다.

첫 단계인 "시인의 삶 이해하기"는 해당 시인을 다룬 영상물과 4~5쪽 분량의 글을 활용해 시인의 삶을 접해보는 단계로, 3차시 동안 진행한다. 시인의 삶에 관한 글을 읽어내기 위해 영상물로 학습자의 흥미를 유발하고 배경지식을 넓혀주는 수업 설계라고 보면 된다. 이때 교사가 선정한 시인의 대표시 4편(그 중 한 편은 교과서에 실린 시가 포함되게 하는 것이 좋다)을 삶 이야기 속에 적절히 노출하는 게 중요하다. 각 시의 의미를 학생들이 다 이해하기를 기대하기보다, 그 시가 시인의 삶의 맥락 속에 자연스럽게 놓이도록 '노출'한다는 기분으로 소개하는 것이다.

두 번째는 "대표시 읽고 보물 단어 선정하기" 단계로, 한 차시 동안 진행한다. 1단계 수업에서 적절히 노출한 대표시 4편을 한눈에 보이게 놓고, 각 시마다 '함축적 시어나 시구'를 찾아보는 것이다. 이를 일컬어 '보물 단어'라고 명명해보는 것도 수업의 흥미를 돋울 수 있어 좋다. 이때 어떤 시어, 어느 시구를 중심으로 시의 함축적 의미를 탐구하면 좋은지 교사가 어느 정도 방향을 잡아주는 것이 좋다. 그러지 않으면 이후 학생들 사이의 논의가 엉뚱한 단어를 중심으로 전개되는 경우도 많기 때문에, 탐구 과정의 효율화를 위해 탐구 대상을 어느 정도 정해주는 것이 좋다.

세 번째는 "교사의 도움을 받아 시의 함축적 의미 토의하기" 단계로, 한 차시 동안 진행한다. 대표시 4편 중 교과서에 실린 시를 공통 제재로 하여, 교사 도움을 받아 모둠 토의를 연습해보는 것이다. 그러면 이후에 학생들끼리 다른 대표시로 모둠 토의를 할 때 쉽게 이 과정을 다시 밟아 나갈 수 있다.

네 번째는 "모둠 토의로 대표시 스스로 해석하기" 단계로, 2차시에 걸쳐 진행한다. 대표시 중 남은 3편 가운데 하나를 모둠별로 골라, 2단계 때 선정했던 시어와 시구를 중심으로 모둠 토의를 진행하는 것이다. 그리고 모둠 토의 후에는 각자 간단한 해석 글을 작성하여 제출하게 한다. 그중 좋은 글을 학급에 공유하면서 전체 수업을 마무리하면 좋다.

'윤동주 깊이 읽기' 수업 과정(대상: 중학교 3학년)

차시	학습 내용(교수학습활동)	자료
1단계 (1~3차시)	영화 〈동주〉의 주요 대목을 감상하며 윤동주의 삶 이해하기	영화 〈동주〉 학습지(윤동주의 생애) 시 낭독 파일
2단계 (4차시)	대표시 4편 읽고 보물 단어 선정하기	시 낭독 파일
3단계 (5차시)	교사의 도움을 받아 〈서시〉의 함축적 의미 토의하기	시 낭독 파일
4단계 (6~7차시)	윤동주의 대표시 중 한 편을 골라 모둠 토의로 스스로 해석하기 [마무리] 시 해석 글 제출하기 [차시 연계] 다른 모둠의 잘 쓴 해석 글 받아 읽고 나머지 대표시 2편 이해하기	

교사는 먼저 시인의 삶에 대한 자료를 수집해야 한다. 대상 시인을 정했으면 그에 관한 평전을 찾아 읽는 데서 시작하는 것이 좋다. 그리고 시인의 삶을 잘 개괄하면서도 그 특징을 인상적으로 포착할 수 있게 돕는 4~5쪽 분량의 글을 학습지로 만든다.

이 학습지를 수업시간 내내 학생들이 흥미를 유지하며 읽어 내면 좋겠지만, 많은 학생들이 반 쪽 분량도 스스로는 잘 읽어 내지 못하는 것이 현실이다. 따라서 시인의 삶을 다룬 영상물과 글 읽기를 병행하는 게 좋다(윤동주 시인이라면 영화 〈동주〉를 활용할 수 있다). 영상물 역시 5분 이상 연속해서 틀어놓으면 학생들이 졸기 십상이기 때문에, 주요 장면 위주로 끊어가며 보다가 학습지 글을 낭독하는 방식으로 진행하는 게 좋다.

이 단계에서 무엇보다 중요한 것은, 교사가 미리 선정해둔 대표시 4편을 중간중간 적절히 노출하여 맛보게 하는 것이다(윤동주 시인의 경우 대표시로 〈새로운 길〉 〈서시〉 〈자화상〉 〈쉽게 씌어진 시〉를 선정했다). 영상과 글이 다 끝난 다음에 대표시 4편을 한꺼번에 제시하면 학생들이 맥락을 충분히 활용하지 못하고 버거워하기 때문이다. 시인의 삶에 관한 배경지식이 충분히 활성화된 순간, 관련 시를 제시하는 것이 적기를 놓치지 않는 방법이다.

이를 위해 교사가 미리 대표시 4편의 낭독 파일을 만들어두고 적절한 때에 들려주는 방식으로 진행하면 좋다. 학생의 입장에서는 영화, 시인의 삶에 대한 글, 시 4편을 오가며 수업을 따라가야 하는 부담을 덜어주고, 낭독이 흘러나오는 동안 교사는 교실을 돌며 잘 따라오지 못하는 학생을 챙겨주면 훨씬 더 질서 있는 흐름이 만들어지기 때문이다.

2단계 대표시 읽고 보물 단어 선정하기

시에 익숙한 독자라도 시 한 편을 해석하기 위해서는, 제목부터 전체 연을 여러 번 되풀이해 읽어야 한다. 아니, 시는 차라리 여러 번 곱씹어 읽기 위한 장르라고 말하는 것이 적절하겠다. 따라서 학생들도 본격적으로 시를 해석하기에 앞서 대표시를 여러 번 읽어보는 것이 필수다. 하지만 학생들은 시간을 줘도 스스로 시를 읽어보려 하지 않는다. 시를 여러 번 눈으로, 또 자연스럽게 소리 내어 읽어보는 것이 중요한데, 그럴 기회를 주려고 교사가 시의 감성을 살려 낭독을 해줘도 먼산 바라보기 일쑤다.

이럴 때도 교사가 직접 준비한 낭독 파일이 큰 도움이 된다. 만드는 방법은 생각보다 간단하다. 조용한 방에서 시의 분위기에 어울리는 음악을 틀어놓고, 스피커 앞에서 핸드폰의 녹음 기능을 이용해 시의 감성을 살려 천천히 낭독하면 된다.

이렇게 만든 시 낭독 파일은 언제나 집중 만점이다. 대부분의 아이들은 음악 깔고 진지하게 시를 읽는 이 음성의 주인공이 교사일 것이라고 생각하지 못한다. 때로 귀 밝은 학생이 "이거 선생님 목소리냐" 물을 때도 있지만, 그러면 그러는 대로 학생들은 고마워하며 더욱 집중한다. 시 낭독을 틀어놓는 동안 교사는 조용히 교실을 거닐며 시에 집중하지 못하는 학생을 지도해줄 수 있어 더욱 좋다. 만약 시 낭독 파일을 준비하기가 부담스럽다면 '책따세' 홈페이지에 올려둔 음성 파일을 내려받아 활용하자(자료3 참고).

시에서 시어가 차지하는 중요성은 아무리 강조해도 지나치지 않을 것이다. 그런데 학생들의 어휘력은 교사가 짐작하는 것보다 훨씬 낮다. 우리는 이것을 놓치고 지나칠 때가 많다. 사실 많은 학생들이 시를 이루는 기초 어휘의 뜻조차 정확히 모르는 상태에서 시를 접한다. 교사가 학생들의 어휘력과 언어 이해 정도에 민감하지 않으면, 그 시 수업은 허공 위에 성을 쌓는 것처럼 흘러가기 쉽다.

학생들에게 시어에 민감해지라고 주문하면서 "모르는 단어를 교사에게 던져보라"고 요구한다. 우리말임에도 뜻을 모른다고 하는 게 창피하고 행여 비웃음이라도 살까 두려워 아는 체 앉아 있는 학생, 단어의 뜻을 자신이 아는지 모르는지조차 모르고 무관심하게 앉아 있던 학생들이 꿈틀댄다. 앞다투어 자신이 모르는 단어를 말하기 시작하면 그 수업은 성공하고 있다는 증

거다.

어느 정도 단어가 모이면 정확한 뜻을 찾아보아야 할 시어를 시의 흐름에 맞게 차례로 교사가 불러주는 게 좋다. 학생들에게는 그 단어를 연필로 동그라미 쳐두게 지시한다. 시 수업을 할 때는 항상 학생 수만큼 국어사전을 가지고 들어가 스스로 낱말 뜻을 찾아보기 쉽게 해야 한다.

기초 어휘 조사가 끝났으면 이제 시어의 비유와 상징에 주목할 차례다. 함축적 의미니 비유적 시어니 하는 어려운 용어보다는 이렇게 접근하는 게 좋다.

칠판에 "시는 ⬚⬚⬚⬚⬚⬚⬚ 다"라고 크게 써놓고, 네모 안에 들어갈 말을 말해보라고 하자. 여러 가지 말을 끌어내며 사고와 표현을 격려한 다음 "시는 보물찾기다"라고 칠판에 쓴다. 시는 짧은 글 안에 많은 의미를 담기 때문에 시인들은 많은 시어와 시구에 특별한 의미를 숨겨둔다(즉, 함축한다). 이렇게 숨겨둔 보물 시어·시구의 의미를 찾아 나서는 마음으로 시를 감상해보자고 흥미를 자극하는 것이다.

초등학교 때 보물찾기를 해본 경험을 떠올려 보면 유난히 보물을 잘 찾는 아이들이 있다. 보물이 어디에 숨겨져 있을지 짐작하는 '촉'이 좋은 아이들이다. 시도 마찬가지, 이제 시의 '보물 단어'가 어디 숨겨져 있을지 짐작하는 여러분만의 촉을 확인해보겠다고 말하며, 이 시의 보물 단어는 무엇이겠느냐고 질문을 던진다.

아이들이 던진 예상 보물 단어가 어느 정도 수집되면, 보물 시어와 시구를 시의 흐름에 맞게 차례로 교사가 정리해주는 게 좋다. 보물 시어를 중심으로 시의 함축적 의미를 해석하게 되기 때문에, 이것이 중구난방이면 시 해석이 산으로 가기 때문이다. 학생들에게는 보물 시어와 시구를 형광펜으로 칠해놓으라고 한다. 윤동주의 〈서시〉를 예로 든다면 '하늘, 바람, 별, 모든 죽어 가는 것, 밤' 등을 보물 시어로 정리해준다.

이와 같이 사전적 의미를 찾아봐야 할 기초 어휘와 보물 시어·시구는 대표시 4편 모두 미리 지정해주는 게 좋다. 다음 단계의 모둠별 학습 과정에서 나침반 역할이 되어줄 것이기 때문이다.

3단계 교사의 도움을 받아 시의 함축적 의미 토의하기

이제 모둠을 만들어 '보물 토론'을 한다. 비유적 시어와 상징어의 의미를 해석하는 시간이다. 모둠 토의를 하는 동안 교사는 학생들이 시를 얼마나 느끼는지, 시어의 의미를 스스로 해석할 줄 아는지, 맥락에 닿지 않는 엉뚱한 해석을 하지는 않는지 개인을 관찰하고 모둠 토의를 돌보는 것이 필요하다.

윤동주의 〈서시〉로 모둠 토의를 할 때 가만히 귀를 기울여보면 이런 이야기들이 나오는 것을 흔히 들을 수 있다.

"윤동주가 독실한 기독교인이었다잖아. 그러니까 이건 하느님이지."

"밤? 그럼 일제강점기네."

윤동주의 〈새로운 길〉로 모둠 토의를 하면서는 "까치가 날고? 독립의 소식이 온다는 것 아냐?" 하는 경우도 있다.

시인의 생애를 공부한 다음 시를 읽으니 지나치게 기계적으로 시인의 전기적 사실과 시의 의미를 일대일로 대응시키는 학생들도 꽤 눈에 띈다. 이렇게 시인과 시를 기계적으로 연결하는 사고는 상상력을 제한할 뿐 아니라 시 해석의 오류를 낳기도 한다. 윤동주의 〈새로운 길〉을 해석할 때, 과도하게 시대의 암울함과 기계적으로 연결하려다 보니 해석이 가로막히는 것 등이 그런 예다.

이럴 때 사고를 열어줄 수 있도록 모둠에 다가가 적절한 코멘트를 주는 것이 필요하다. 시인의 삶을 참고만 하는 게 좋다거나, 모든 시를 독립운동과의 연관성 속에서 쓰지는 않았을 것이라거나, 우리 시대 사람들에게도 지금까지 사랑받는 것을 보면 '밤'을 꼭 일제강점기라는 특정한 시대로만 국한해 해석할 필요는 없다는 등의 제안을 던져보는 것이다.

모둠 토의로 대표시 스스로 해석하기

남은 대표시 3편 중 한 편을 모둠별로 골라 기초 어휘의 뜻을 찾고 보물 시어를 해석한 후, 보물 시어의 함축적 의미를 연결하여 모둠 토의를 진행하고 각자 시를 해석하는 글을 쓰게 한다. 학생들이 3단계 과정 전부를 이번에는 서로에게 배우는 가운데 스스로 진행해보는 것이다. 잘 된 글은 복사하여 다음 시간에 "한 시인 깊이 읽기" 수업 마무리로 나누어주면 좋다. 친구가 쓴 글을 읽으며 모둠 토의 과정을 돌아볼 수 있고, 자기 모둠에서 선택하지 않은 나머지 대표시 두 편에 대한 해석도 접할 수 있다.

시의 함축적 의미에 대해 편안하게 토의하면, 자연스럽게 학생들의 마음에 시가 다가서게 된다. 시를 스스로 즐기고 해석하는 능력도 향상되는 모습을 확인할 수 있다. 학생들의 목소리로 직접 확인해보자.

윤동주 시인은 직접 총과 칼을 들고 혹은 폭탄이나 전략으로 일제에게 직접적으로 반대 의사를 보이던 운동가는 아니었다. 하지만 그는 간접적으로 자신의 시로 자신의 의지를 보인 사람이었다. 죽어 사라진 자는 그 기록이 없지만, 윤동주 시인은 자신의 의지를 기록으로 남겼다. 이것은 용기가 엄청난 것이라고 생각한다. 자신의 부끄러움과 일제에 대한 거부감을 글로 써서 남긴 것은 다시 말해 후대에게까지 자신의 의지를 남겼다는 것을 의미한다. 앞으로 독립할 것에 확신을 가졌기에, 혹은 직접적으로 생각하지 않았어도 그것을 마음속으로 알고 있었으리라 생각한다. (중2)

〈가는 길〉의 화자가 고민하다가 결국 말하지 못하는 것이 공감이 갔다. 나도 그랬던 적이 있어서다. 내가 이 시대에 태어났다면 나는 김소월과 달리 그냥 포기하고 도망쳤을 것 같다. 김소월은 매우 힘든 삶을 살았다는 점, 그의 시가 담담하면서도 슬픈 느낌이 들어서 잘 와 닿는다. 김소월이 짧은 생애를 살다 갔다는 것이 너무 안타깝다. 김소월 시의 잔잔하고 아름다우며 슬픈 느낌이 좋았고 그의 시를 더 찾아보고 싶다. 그가 많은 사람들에게 기억되었으면 좋겠다. (중3)

교사·학생이 직접 들려주는 시 낭독

 직접 음악을 골라 시를 낭독한 파일을 '책따세' 홈페이지의 저작권기부운동 메뉴에 "《소박한 당신의 문학 수업》 – 교사가 직접 들려주는 시 낭독"이라는 제목으로 탑재해두었다. 낭독한 김소월, 윤동주, 이육사, 정지용의 대표시 목록은 다음과 같다(위 QR코드를 누르면 시 낭독 파일이 탑재된 게시물로 바로 갈 수 있다).

김소월: 〈가는 길〉 〈먼 후일〉 〈예전엔 미처 몰랐어요〉 〈진달래꽃〉
윤동주: 〈새로운 길〉 〈서시〉 〈소년〉 〈쉽게 씌어진 시〉 〈자화상〉
이육사: 〈광야〉 〈꽃〉 〈절정〉 〈청포도〉
정지용: 〈고향〉 〈유리창〉 〈춘설〉 〈향수〉
※이 게시글에는 김수영(〈공자의 생활난〉 〈절망〉), 이상(〈오감도 14호〉), 한용운(〈알 수 없어요〉)도 추가로 탑재돼 있다.

 또한 이 홈페이지에서는 2018년 5월부터 약 3년간 '책따세 시항아리 봉사활동'에 참여한 학생들이 자신이 좋아하는 시에 정성껏 고른 음악을 입혀 낭독한 시 낭독 파일도 여럿 찾아볼 수 있다. 모두 학생들이 스스로 만들어 저작권을 기부한 것이라 누구나 내려받아 사용할 수 있다. 교육 현장에서 활용하기 편리하도록 우수작을 모아 여러 시 낭독을 오디오북으로도 묶은 점도 눈에 띈다. 저작권이 기부된 시 낭독 오디오북 3개를 "《소박한 당신의 문학 수업》 – 청소년이 직접 들려주는 시 낭독"이라는 제목으로 탑재해두었으니 수업에 활용하길 바란다. 낭독된 시의 목록은 다음과 같다(위 QR코드를 누르면 시 낭독 파일이 탑재된 게시물로 바로 갈 수 있다).

시 낭독 오디오북 1(시항아리봉사_2기 제작)

1. 윤동주 〈자화상〉(신수중학교 2학년 박주형 낭독 및 해설)

2. 김용택 〈달〉(호평중학교 3학년 조정윤 낭독 및 해설)

3. 김영랑 〈모란이 피기까지는〉(이화미디어고등학교 2학년 정연우 낭독 및 해설)

4. 김소월 〈초혼〉(문영여자중학교 1학년 노여송 낭독 및 해설)

5. 기형도 〈빈 집〉(문영여자중학교 1학년 임채우 낭독 및 해설)

6. 김수영 〈폭포〉(상암중학교 1학년 김응경 낭독 및 해설)

7. 고재종 〈출렁거림에 대하여〉(홍익여자중학교 1학년 박규빈 낭독 및 해설)

시 낭독 오디오북 2(시항아리봉사_3기 제작)

1. 도종환 〈흔들리며 피는 꽃〉(월촌중학교 2학년 백민영 낭독 및 해설)

2. 황동규 〈즐거운 편지〉(송양고등학교 2학년 이채린 낭독 및 해설)

3. 백석 〈흰 바람벽이 있어〉(홍대부속여자고등학교 2학년 김유민 낭독 및 해설)

4. 김소월 〈예전엔 미처 몰랐어요〉(이화미디어고등학교 2학년 정연우 낭독 및 해설)

5. 김영랑 〈모란이 피기까지는〉(숭문고등학교 2학년 박상현 낭독 및 해설)

6. 조향미 〈못난 사과〉(서울여자중학교 2학년 오다현 낭독 및 해설)

7. 황동규 〈즐거운 편지〉(광성중학교 1학년 정수한 낭독 및 해설)

8. 윤동주 〈참회록〉(신수중학교 1학년 김수민 낭독 및 해설)

시 낭독 오디오북 3(시항아리봉사_4기 제작)

1. 오세영 〈자화상2〉(이화미디어고등학교 3학년 정연우 낭독 및 해설)

2. 백석 〈흰 바람벽이 있어〉(숭문고등학교 3학년 박상현 낭독 및 해설)

3. 천상병 〈나무〉(김포고등학교 1학년 이은솔 낭독 및 해설)

4. 황지우 〈너를 기다리는 동안〉(성산중학교 1학년 임지후 낭독 및 해설)

5. 오정희 〈수의를 입히며〉(인창중학교 1학년 박인서 낭독 및 해설)

6. 황지우 〈너를 기다리는 동안〉(성심여자중학교 3학년 박노해다운 낭독 및 해설)

7. 박철 〈반올림−수림이에게〉(성심여자중학교 1학년 김소망 낭독 및 해설)

삶을 깊이 읽을 만한 우리 시인 하나
이육사
"지사의 길, 시인의 길"

비유와 상징, 운율과 함축의 언어 앞에서 쉽게 마음을 닫고 더이상 생각하기를 멈추는 청소년에게, 시도 누군가의 삶의 이야기라는 출발선을 제시하는 것은 분명 매력적인 작업이다. 시인이 자기 삶에서 가장 순정한 순간을 언어로 갈고 닦은 것이 시라면, 시와 함께 그 시를 쓴 시인의 삶까지 깊이 읽어볼 만한 시인은 어떻게 선정하면 좋을까?

한국문학사에서 움직일 수 없는 자리를 차지하고 있으면서도 그 삶과 시를 함께 엮어서 음미해볼 만한 시인으로 이육사와 윤동주, 김소월과 정지용을 꼽고 싶다. 이 네 시인으로 "한 시인 깊이 읽기" 수업을 기획해보자.

먼저 ①시인의 삶을 잘 소개한 글과 영상, ②청소년 독자에게 다가갈 만한 대표시 4편, ③대표시 4편 중 1편은 교사의 도움을 받아 함축적 의미를 토의하고, ④나머지 3편 중 1편을 골라 모둠별로 해석해보는 수업 과정에 필요한 자료를 차례로 소개한다.

1단계   시인의 삶 이해하기

✦**시인 소개 글**: 〈지사의 길, 시인의 길〉(양왕용)
1927년 조선은행 대구지점 폭파 사건으로 투옥된 후 42년의 짧은 생애 동안 총 17차례나 감옥을 드나들었던 이육사의 생애를 박진감 넘치는 문체에 담았다. 중학교 교과서에 실린 글로 4쪽 정도의 분량에 시인으로서의 면모도 손색없이 드러냈다.

✦ **영상**: MBC에서 2011년에 제작한 8·15 특집극 〈절정〉과 함께 보면 더욱 가슴이 뜨거워짐을 느낄 수 있다.

2단계   대표시 4편 읽고 보물 단어 선정하기

✦**대표시(발표 연대 순)**: 〈청포도〉〈절정〉〈꽃〉〈광야〉
우선 교사가 준비한 시 낭독을 들려준다. 음악에 얹혀 시의 분위기에 맞는 적절한 어조로 낭독되는 시는 학생들의 귓가를 사로잡는다. 시는 태생적으로 낭독의 장르임이 교실의 공기로 증명된다. 이 시간, 학생들은 귀로 들리는 시를 눈으로도 따라 읽으며, 뜻을 정확히 모르는 단어가 나올 때면 그냥 지나치지 않고 연필로 동그라미 표시를 하면서 적극적으로 시를 읽게 된다. 그동안 교사는 교실을 거닐며 학생들이 귀로도, 눈으로도, 손으로도 시를 읽을 수 있도록 지도하면 좋다. 두 번 이상 들려주어도 지루해하지 않으니 교실 공간 위로 시가 흐르게 두어도 좋다.

그렇게 시 낭독을 한 번 두 번 더 듣는 동안, 시인이 마치 보물을 숨겨두듯 특별한 의미를 담았을 거라고 생각되는 시어를 골라 형광펜으로 흐리게 칠해보게 한다. 즉, 함축적 의미를 지녔을 것으로 추측되는 시어나 시구에 관심을 갖게 하는 것이다. 그리고 최종적으로 교사가 지정해준 시어·시구를 형광펜으로 진하게 칠하게 한다. 그래야 모둠 토의 때 엉뚱한 시어를 억지스럽게 확장해 해석하느라 모둠 대화가 헛돌지 않게 할 수 있다.

대표시 4편 중 교과서에 수록된 〈광야〉를 교사의 도움을 받아 함축적 의미를 토의하는 시로 선정하고, 〈청포도〉 〈절정〉 〈꽃〉은 모둠별로 선택해 함축적 의미를 해석하는 시로 수업을 진행할 수 있다.

이제 <광야>를 대상으로 모둠 토의를 통해 학생들 스스로 시의 의미를 해석해볼 시간이다. 먼저 지난 시간에 선정해둔 기초 어휘의 뜻을 사전에서 찾아보게 한 뒤, 본격적으로 시의 함축적 의미에 들어간다. 교사가 지정해준 함축적 의미를 지닌 시어나 시구를 학습지에 모두 적고, 그 의미를 모둠원과 토의하는 것이다.

　우선 15분 정도 토의 시간을 준 다음, 자신들이 해석한 시어·시구들의 의미가 잘 연결되는지 확인하기 위해 1연부터 끝 연까지 내용이 연결되게 적어보라고 하면, 중간중간 비어 있는 의미들을 마저 채워 나가는 모습을 확인할 수 있다.

광야(曠野)

까마득한 날에
하늘이 처음 열리고
어데 닭 우는 소리 들렸으랴

모든 산맥들이
바다를 연모해 휘달릴 때도

차마 이곳을 범하던 못하였으리라

끊임없는 광음을

부지런한 계절이 피어선 지고

큰 강물이 비로소 길을 열었다

지금 눈 나리고

매화 향기 홀로 아득하니

내 여기 가난한 노래의 씨를 뿌려라

다시 천고의 뒤에

백마 타고 오는 초인이 있어

이 광야에서 목 놓아 부르게 하리라

*밑줄은 기초 어휘, 형광펜은 함축적 시어·시구

✦〈광야〉에서 사전적 의미를 찾아봐야 할 '기초 어휘'

• 광야, 까마득한, 어데, 연모해, 휘달릴, 범하던, 광음, 피어선,
비로소, 나리고, 아득하니, 천고, 초인, 목 놓아 (※어휘력이 약한
30퍼센트 학생들의 어휘 수준을 염두에 두고 그들이 모를 만한 단어를
교사가 지정해준다)

• 그림을 통해 확인하면 시의 심상을 더욱 풍부히 떠올릴 수 있

는 시어인 '광야, 매화'는 그림을 함께 제시한다.

✦〈광야〉에서 함축적 의미를 토의할 '보물 시어/시구'

• 광야, 하늘이 열리고, 닭 우는 소리, 이곳을 범하던 못하였으리라, 계절이 피어선 지고, 큰 강물이 길을 열었다, 지금 눈 나리고, 매화 향기, 홀로 아득하니, 가난한 노래의 씨, 뿌려라, 백마 타고 오는 초인

─── 학습지 예 ───

2단계

1. 시 낭독을 귀 기울여 듣는다. 눈으로는 시를 따라 읽으며 '뜻을 정확히 모르는' 단어를 골라 ○ 표시!

2. 사전에서 그 뜻을 찾아 아래에 적으시오. ※용언은 (　　　)에 기본형도 쓸 것

1연	광야 :	
	까마득한(까마득하다) :	
	어데 :	
2연	연모해(　　) :	
	휘달릴(　　) :	
	범(犯)하던(　　) :	

3연	광음(光陰) : 피어선( ) : 비로소 :	
4연	나리고( ) : 매화 : 아득하니( ) :	사진·그림 참고
5연	천고(千古)의 : 초인(超人) : 목놓아( ) :	

3. 시 <광야>를 외워서 짝에게 검사를 받는다.

암송자 이름	검사자 사인

4. 시 낭독을 한 번 더 들으면서, 마치 보물을 숨겨두듯 시인이 특별한 의미를 숨겨두었을 거라고 생각되는 시어를 골라 형광펜으로 흐리게 칠해보시오.

3단계

5. 함축적 의미를 지닌 것으로 밝혀진 시어나 시구를 아래 표에 적고, 그 의미를 모둠원과 토의하시오.

	시어/시구	함축적 의미
1연	하늘이 처음 열리고	우주가 시작되고(천지개벽天地開闢)
	(어데) 닭 우는 소리 (들렸으랴)	인류의 역사가 시작되었으랴?(시작되지 않았다) '들렸으리라'로 해석하는 경우도 있음.
2연	(산맥들이 차마) 이곳을 범하던 못하였으리라	
3연	(부지런한) 계절이 피어선 지고	
	큰 강물이 (비로소) 길을 열었다	
4연	지금 눈 나리고	
	매화 향기 홀로 아득하니	
	가난한 노래의 씨를 뿌려라	
5연	백마 타고 오는 초인	
	광야	

4단계 모둠 토의로 대표시 1편 스스로 해석하기

이제 모둠별로 나머지 대표시 중 한 편을 선택한 다음, 3단계 때 〈광야〉로 진행해본 모둠 토의 과정을 한 번 더 해본다. 역시 기초 어휘의 사전적 의미를 파악하고, 함축적 의미를 지닌 시어나 시구를 학습지에 적은 다음 그 의미를 토의한다. 15분 정도 토의해 보고, 시의 의미 연결이 되는지 자신들의 해석을 1연부터 끝 연까지 적어보면서 모자란 부분을 추가 토의하는 방식으로 진행한다.

청포도

내 고장 칠월은
청포도가 익어 가는 시절

이 마을 전설이 주저리 주저리 열리고
먼 데 하늘이 꿈꾸려 알알이 들어와 박혀

하늘 밑 푸른 바다가 가슴을 열고
흰 돛단배가 곱게 밀려서 오면

내가 바라는 손님은 고달픈 몸으로

청포(靑袍)를 입고 찾아온다고 했으니

내 그를 맞아 이 포도를 따 먹으면
두 손은 함뿍 적셔도 좋으련

아이야 우리 식탁엔 은쟁반에
하이얀 모시 수건을 마련해 두렴

✦ **기초 어휘**: 고장, 시절, 전설, 주저리 주저리, 알알이, 고달픈, 함뿍, 좋으련, 마련해

• 그림을 통해 시의 심상을 더욱 풍부히 떠올릴 수 있는 시어: 청포도, 흰 돛단배, 청포, 은쟁반, 모시 수건

✦ **함축적 의미를 토의할 시어/시구**: 마을 전설이 주저리 주저리 열리고, 하늘이 꿈꾸려 알알이 들어와 박혀, 내가 바라는 손님, 청포, 식탁엔 은쟁반에 모시 수건을 마련해 두렴

• 학생들끼리 바로 함축적 의미 토의를 하게 맡겨두기보다는 먼저 1~2연이 청포도가 탐스럽게 열린 모습을 묘사한 것임을 알아차리고 이에 주목하게 하는 게 좋다. 학생들의 생각을 쉽게 열어주어 함축적 의미 토의 시작을 쉽게 해줄 수 있기 때문이다. 따라서 '마을 전설이 주저리 주저리 열리고, 하늘이 꿈꾸려 알알이 들어와 박혀'가 무엇을 묘사하고 있는지,

그 모습은 어떤 분위기를 풍기는지를 먼저 생각해보게 한다.

절정

매운 계절의 채찍에 갈겨
마침내 북방으로 휩쓸려 오다

하늘도 그만 지쳐 끝난 고원(高原)
서릿발 칼날 진 그 위에 서다

어데다 무릎을 꿇어야 하나?
한 발 제겨디딜 곳조차 없다

이러매 눈감아 생각해 볼 밖에
겨울은 강철로 된 무지갠가 보다.

✦ **기초 어휘**: 절정, 매운, 갈겨, 제겨디딜, 이러매
• 그림을 통해 시의 심상을 더욱 풍부히 떠올릴 수 있는 시어:
채찍, 북방, 고원, 서릿발, 무지개
✦ **함축적 의미를 토의할 시어/시구**: 절정, 매운 계절의 채찍,
휩쓸려 오다, 칼날 위에 서다, 무릎을 꿇다, 제겨디딜 곳 없다,

겨울, 강철로 된 무지개

- 학생들끼리 함축적 의미를 토의하기에 앞서 시의 분위기를 좀 더 되새겨볼 수 있도록 생각의 실마리를 열어준다. 이를 위해 '오다, 서다, 없다, 보다'의 두 글자 서술어로 끝나는 각 연의 둘째 행이 주는 느낌에 주목하게 해보고, '북방, 고원'이라는 장소의 특징을 떠올려 보게 한다.

꽃

동방은 하늘도 다 끝나고
비 한 방울 나리잖는 그 땅에도
오히려 꽃은 발갛게 피지 않는가
내 목숨을 꾸며 쉬임 없는 날이여

북쪽 툰드라에도 찬 새벽은
눈 속 깊이 꽃 맹아리가 옴작거려
제비 떼 까맣게 날아오길 기다리나니
마침내 저버리지 못할 약속이여!

한 바다 복판 용솟음치는 곳
바람결 따라 타오르는 꽃성(城)에는

나비처럼 취하는 회상(回想)의 무리들아

오늘 내 여기서 너를 불러 보노라

✦ **기초 어휘**: 동방, 나리잖는, 맹아리, 옴작거려, 한, 복판, 용솟음, 회상

• 그림을 통해 시의 심상을 더욱 풍부히 떠올릴 수 있는 시어: 툰드라, 제비 떼, 꽃성

✦ **함축적 의미를 토의할 시어/시구**: 꽃, 동방, 하늘도 끝나고, 비 한 방울 나리잖는 땅, 내 목숨을 꾸며 쉬임 없는 날, 제비 떼 날아오길, 저버리지 못할 약속, 여기서, 너를 불러

• 학생들끼리 함축적 의미를 토의하기에 앞서 이 시의 구조가, 각 연 1~3행에서는 꽃(또는 꽃성)을 노래하고 거기에 이어 4행에 시적 화자인 '나'의 고백(또는 선언)이 연결된 동일한 형식으로 반복되고 있음을 알아볼 수 있도록 짚어주는 게 좋다.

─────────── 학습지 예 ───────────

1. (모둠에서 고른 시에서) 모르는 단어의 뜻을 찾아 아래에 적으시오.

　　※용언은 (　　)에 기본형도 쓸 것

1연	: : :	

2연		⋮ ⋮ ⋮
3연		
4연		
5연		

2. (모둠에서 고른 시에서) 함축적 의미를 지닌 것으로 밝혀진 시어나 시구를 아래 표에 적고, 그 의미를 모둠원과 토의하시오.

	시어/시구	함축적 의미
1연		
2연		
3연		

4연		
5연		

3. 1연부터 끝 연까지 내용이 연결되게 시를 해석하시오.

----

4. 이번에 이육사의 시로 수업(생애, 대표시, 시의 의미에 대한 모둠 토의)을

   하고 나서 배운 점과 느낀 점을 아래에 적어보시오.

삶을 깊이 읽을 만한 우리 시인 둘
윤동주

"이역에서 태어나 이역에서 죽은 민족의 시인"

1단계　**시인의 삶 이해하기**

✦**시인 소개 글**: 〈윤동주의 생애에 대한 고찰〉(송우혜)

• 윤동주를 연구하는 사람이라면 그냥 지나치기 어려운《윤동
  주 평전》을 쓴 역사가 송우혜 선생의 강연 원고다. 윤동주에
  대한 깊은 사랑과 이해가 느껴진다. 5쪽 정도의 짧은 분량에
  윤동주의 생애를 잘 담았다.

✦**영상**: 이준익 감독이 흑백으로 찍은 영화 〈동주〉와 함께 보면
  윤동주의 시에 대한 이해를 한껏 높일 수 있다.

대표시 4편 읽고 보물 단어 선정하기

✦ **대표시**: 〈새로운 길〉〈자화상〉〈서시〉〈쉽게 씌어진 시〉
- 〈서시〉를 교사의 도움을 받아 함축적 의미를 토의하는 시로 선정하고, 〈새로운 길〉〈자화상〉〈쉽게 씌어진 시〉를 모둠별로 선택해 함축적 의미를 해석하는 시로 수업을 진행할 수 있다.

3단계 교사의 도움을 받아 <서시> 모둠 토의

서시

죽는 날까지 하늘을 우러러
한 점 부끄럼이 없기를,
잎새에 이는 바람에도
나는 괴로워했다.
별을 노래하는 마음으로
모든 죽어가는 것을 사랑해야지
그리고 나한테 주어진 길을
걸어가야겠다.

오늘 밤에도 별이 바람에 스치운다.

✦ **기초 어휘**: 서시, 우러러, 한 점, 잎새, 스치운다
✦ **함축적 의미를 토의할 '보물 시어/시구'**: 하늘, 잎새에 이는
바람, 별, 모든 죽어가는 것, 길, 오늘 밤

4단계 **모둠 토의로 대표시 1편 스스로 해석하기**

새로운 길

내를 건너서 숲으로
고개를 넘어서 마을로

어제도 가고 오늘도 갈
나의 길 새로운 길

민들레가 피고 까치가 날고
아가씨가 지나고 바람이 일고

나의 길은 언제나 새로운 길
오늘도…… 내일도……

내를 건너서 숲으로

고개를 넘어서 마을로

✦기초 어휘: 내[川]

• 그림을 통해 시의 심상을 더욱 풍부히 떠올릴 수 있는 시어:
민들레, 까치

✦함축적 의미를 토의할 시어/시구: 새로운 길, 나의 길

• 지나치게 심각하게 시대와의 연관 속에서만 의미를 찾는 나
머지, 학생들은 '새로운 길'을 독립운동의 길이라고 해석하는
경향이 있다. 그러면 이 시에서 풍기는 경쾌한 느낌과 젊음의
싱그러움이 잘 전달되지 않는다. '민들레, 까치, 아가씨'와 같
이 일상생활의 가벼운 산책 중에 만나는 시어들의 의미도 사
장돼버리고 결국 독자는 오독에 빠지게 되는 것이다. 미숙한
독자인 학생들이 쉽게 빠지는 억지스런 의미 부여 해석을 막
기 위해서는 학생들끼리 토의에 들어가기 전에 시에 넘쳐나
는 싱그러움, 젊음, 경쾌함을 충분히 음미하게 할 필요가 있
다. 이 시의 화자인 '나'의 시선이 '내[川]'에서 '숲'으로, '고개'
를 넘어 '마을'로 이동하고 있음을, 그리하여 그 사잇길에서
만나는 대상이 '민들레, 까치, 아가씨, 바람'임을 알아채게 하
자. 이를 위해 윤동주가 머물렀던 연희전문학교 교정과 기숙
사 사진, 새 소리가 들리는 산책길 같은 사진 이미지나 영상

을 활용해도 좋겠다.

자화상

산모퉁이를 돌아 논가 외딴 우물을 홀로 찾아가선 가만히 들여다봅니다.

우물 속에는 달이 밝고 구름이 흐르고 하늘이 펼치고 파란 바람이 불고 가을이 있습니다.

그리고 한 사나이가 있습니다.
어쩐지 그 사나이가 미워져 돌아갑니다.

돌아가다 생각하니 그 사나이가 가엾어집니다. 도로 가 들여다보니 사나이는 그대로 있습니다.

다시 그 사나이가 미워져 돌아갑니다.
돌아가다 생각하니 그 사나이가 그리워집니다.

우물 속에는 달이 밝고 구름이 흐르고 하늘이 펼치고 파란 바람이 불고 가을이 있고 추억처럼 사나이가 있습니다.

✦기초 어휘: 자화상, 산모퉁이, 논가, 외딴, 우물, 사나이, 도로

• 그림을 통해 시의 심상을 더욱 풍부히 떠올릴 수 있는 시어: 산모퉁이, 논가, 우물

✦함축적 의미를 토의할 시어/시구: 외딴 우물, 가만히 들여다 봅니다, 달/구름/하늘/파란 바람/가을이 있다, 한 사나이, 추억처럼 사나이가 있습니다

• 학생들끼리 함축적 의미를 토의하기에 앞서 시적 화자의 반복되는 행위에 주목하게 한다. '우물을 찾아가선 가만히 들여다'보기, '미워져 돌아'가기, 돌아서다 '가여워'하기의 행위를 두 번 반복하고, 그 행위는 마침내 '추억처럼' 우물에 두고 온 사나이를 '그리워'하기로 마무리됨을 우선 알아차리게 하는 것이다. 사나이가 들여다보고, 미워하고, 그러다가 마침내 마지막에 우물에 두고 온 것이 무엇인지 떠올리며 토의에 들어가게 해본다. 또한 '달/구름/하늘/파란 바람/가을'의 함축적 의미를 하나하나 뜯어서 파악하려고 하기보다는, 우물에 들어와 담긴 풍경이 어느 곳의 모습이며 어떤 느낌을 주는 풍경인지 그 느낌에 주목하게 한다.

쉽게 씌어진 시

창밖에 밤비가 속살거려

육첩방(六疊房)은 남의 나라.

시인이란 슬픈 천명인 줄 알면서도

한 줄 시를 적어 볼까.

땀내와 사랑내 포근히 품긴

보내 주신 학비 봉투를 받아

대학 노트를 끼고

늙은 교수의 강의 들으러 간다.

생각해 보면 어린 때 동무를

하나, 둘, 죄다 잃어버리고

나는 무얼 바라

나는 다만, 홀로 침전하는 것일까?

인생은 살기 어렵다는데

시가 이렇게 쉽게 씌어지는 것은

부끄러운 일이다.

육첩방은 남의 나라

창밖에 밤비가 속살거리는데,

등불을 밝혀 어둠을 조금 내몰고,

시대처럼 올 아침을 기다리는 최후의 나.

나는 나에게 작은 손을 내밀어

눈물과 위안으로 잡는 최초의 악수.

✦ **기초 어휘**: 육첩방, 천명, 땀내, 학비, 동무, 죄다, 침전, 속살거리는데, 등불, 시대, 위안

• 그림을 통해 시의 심상을 더욱 풍부히 떠올릴 수 있는 시어: 육첩방, 등불

✦ **함축적 의미를 토의할 시어/시구**: 쉽게 씌어진 시, 남의 나라, 시인이란 슬픈 천명, 늙은 교수의 강의, 홀로 침전하는, 등불, 어둠, 아침, 최후의 나, 최초의 악수

• 시의 제목에 담긴 함축적 의미를 토의하게 할 경우, 해당 시어나 시구가 순서상 맨 앞에 나와 있다 하더라도 토의는 마지막에 배치하는 것이 좋다. 시 전체에 대한 이해와 탐구가 어느 정도 이루어지고, 그 과정에서 시 제목을 포함해 시 전체를 여러 번 읽어보아야 그 의미에 대한 짐작이 가능해지기 때

문이다. '육첩방은 남의 나라'라고 하는 과감한 언명이 이 시의 의미 기둥의 초석을 이루기 때문에 여기서부터 정확하게 출발하는 게 좋다. 이를 위해 이 시가 시인이 일본 유학 당시 그곳에서 우리말로 쓴 시임을 알고 있는지 넌지시 퉁겨주면서 토의를 시작하게 하는 게 좋다.

삶을 깊이 읽을 만한 우리 시인 셋
김소월

"슬픔의 연금술사"

1단계 **시인의 삶 이해하기**

✦ **시인 소개 글**: 고등학교 문학 교과서(지학사, 권영민 외)에 실린 소개 글 〈김소월(金素月, 1902~1934)〉이 꽤 가지런하다. 김소월의 생애를 간단히 소개한 후 김소월 시의 특징을 3쪽 분량에 간략히 소개하여 이해를 돕고 있다.

✦ **영상**: 안타깝게도 김소월 시인의 생애를 본격적으로 다룬 다큐멘터리나 삶의 자취를 탐방하는 문학 기행 영상이 아직 없다. 충북 증평에 '소월·경암 문학예술기념관'이, 서울 정동의 배재학당역사박물관 2층에 '김소월 특별전시실'이 있긴 하

지만, 김소월의 생애와 문학적 성과를 진지하게 탐색할 수 있는 본격적인 문학관이라고 하기엔 아쉬운 실정이다. 그나마 5분 내외의 짧은 영상인 〈지식채널e〉의 "당신은 나의 애인입니다"와 "당신은 소월을 만난 적이 있나요?" 편으로 아쉬움을 달랠 수 있다.

2단계　대표시 4편 읽고 보물 단어 선정하기

✦대표시: 〈먼 후일〉〈진달래꽃〉〈예전엔 미처 몰랐어요〉〈가는 길〉

- 〈진달래꽃〉을 교사의 도움을 받아 함축적 의미를 토의하는 시로 선정하고, 〈먼 후일〉〈예전엔 미처 몰랐어요〉〈가는 길〉을 모둠별로 선택해 함축적 의미를 해석하는 시로 수업을 진행할 수 있다.

- 위 세 작품이 너무 짧고 쉬워서 대표시의 수준을 조금 더 높이고 싶다면 〈산유화〉〈접동새〉〈초혼〉 중에서 한두 편으로 교체하는 것도 시도해볼 만하다.

3단계　교사의 도움을 받아 <진달래꽃> 모둠 토의

진달래꽃

나 보기가 역겨워

가실 때에는

말없이 고이 보내 드리우리다

영변에 약산

진달래꽃

아름 따다 가실 길에 뿌리우리다

가시는 걸음걸음

놓인 그 꽃을

사뿐히 즈려밟고 가시옵소서

나 보기가 역겨워

가실 때에는

죽어도 아니 눈물 흘리우리다

✦기초 어휘: 역겨워, 고이, 드리오리다, 아름, 즈려밟고

• 그림을 통해 시의 심상을 더욱 풍부히 떠올릴 수 있는 시어:

  진달래꽃, 영변, 약산

✦함축적 의미를 토의할 '보물 시어/시구': 진달래꽃, '아름 따다 가실 길에 뿌리오리다, 사뿐히 즈려밟고 가시옵소서, 죽어

도 아니 눈물 흘리오리다'

- 학생들끼리 함축적 의미를 토의하기에 앞서 이 시의 상황이, '당신이 나를 떠나는 이별 상황이 온다면 나는 어떻게 하겠다'는 형식의 말이 반복되어 있음을 주목하게 한다. 즉 '나 보기가 역겨워 가실 때에는' '말없이 고이 보내'주겠고, 꽃을 '따다' '뿌'려주겠으며, '죽어도 아니' 울 것이라고 말하는 시적 상황의 윤곽을 파악하게 하는 것이다. 1연, 2연, 4연의 마지막 행에 변형되어 반복되는 서술어에 주목하게 하면 이를 파악하게 도울 수 있다.

4단계 모둠 토의로 대표시 1편 스스로 해석하기

먼 후일

먼 훗날 당신이 찾으시면
그때에 내 말이 "잊었노라"

당신이 속으로 나무라면
"무척 그리다가 잊었노라"

그래도 당신이 나무라면

"믿기지 않아서 잊었노라"

오늘도 어제도 아니 잊고

먼 훗날 그때에 "잊었노라"

＋ 기초 어휘: 후일, 훗날, 나무라면, 믿기지

＋ 함축적 의미를 토의할 시어/시구: 먼 후일, 잊었노라, 무척
그리다가 잊었노라, 믿기지 않아서 잊었노라, 먼 훗날 그때에
"잊었노라"

• 이 시의 감상 포인트는 각 연 2행의 큰따옴표 안 말이다. 이는
모두 화자가 '당신'에게 하는 대답이며, 그 대답이 1연에서 3
연으로 갈수록 길어지면서 점층되는 형식으로 되어 있다. 학
생들에게 그 부분에 먼저 주목하게 하는 발문을 던져주면 좋
다. 또한 시의 마지막 행인 4연 2행에 가서야 밝혀지는, 이 시
의 화자가 비슷한 대답을 점층적으로 반복하는 이유를 알아
내는 데 이 시 감상의 묘미가 있다. 학생들 스스로 토의 중 그
이유를 찾아내면 '오 그렇네' 하는 가벼운 술렁임이 터져 나
온다. 절묘한 시상 전개로 '당신을 잊지 못하겠다'는 화자의
정서가 깊이 있게 전달되는 순간이다. 마지막 행에서 화자는
여전히 당신에게 '잊었노라'는 대답을 반복하지만, 그 말을
할 수 있는 것은 오늘도 아니고 어제도 아닌, '먼 훗날 그때'나

가능하리라고 말하고 있음을 찾아낼 수 있도록 토의의 흐름을 관찰하는 것이 필요하다.

예전엔 미처 몰랐어요

봄 가을 없이 밤마다 돋는 달도
"예전엔 미처 몰랐어요"

이렇게 사무치게 그리울 줄도
"예전엔 미처 몰랐어요"

달이 암만 밝아도 쳐다볼 줄을
"예전엔 미처 몰랐어요"

이제금 저 달이 설움인 줄은
"예전엔 미처 몰랐어요"

✦ **기초 어휘**: 돋는, 사무치게, 암만, 이제금, 설움
✦ **함축적 의미를 토의할 시어/시구**: 예전엔 미처 몰랐어요, 봄 가을 없이 밤마다 돋는 달, 달이 암만 밝아도 쳐다볼 줄을, 이제금 저 달이 설움인 줄은

• 학생들끼리 함축적 의미를 토의하기에 앞서 반복되는 시구에 주목하게 한다. '예전엔 미처 몰랐어요'가 모든 연의 2행에 반복되고 있으니, 무엇을 몰랐다는 것인지 각 연의 1행을 잘 읽어보고 각각에 담긴 화자의 감정을 느껴보라고 주문한다. 즉 '달', '쳐다볼 줄', '설움' 등 시어의 의미 하나하나를 무리하게 캐 나가는 식으로 토의를 전개하기보다는 각 연 1행에 나오는 '미처 몰랐'던 대상이 무엇인지, 그 대상이 전달하는 느낌은 어떤 것인지, 거기에 실린 화자의 감정을 알아내는 식으로 토의의 방향을 잡아준다.

가는 길

그립다
말을 할까
하니 그리워

그냥 갈까
그래도
다시 더 한 번……

저 산에도 까마귀, 들에 까마귀,

서산에는 해 진다고

지저귑니다.

앞 강물, 뒷 강물,

흐르는 물은

어서 따라오라고 따라가자고

흘러도 연달아 흐릅디다려.

✦ **기초 어휘**: 서산, 지저귑니다, 연달아, 흐릅디다려

• 그림을 통해 시의 심상을 더욱 풍부히 떠올릴 수 있는 시어:

까마귀

✦ **함축적 의미를 토의할 시어/시구**: 까마귀, 해 진다고, (강물

은) 따라오라고 따라가자고

• 학생들끼리 함축적 의미를 토의하기에 앞서 이 시의 화자는

어디에 있는지, 화자가 그리워하는 이는 어디에 있는지, 산에

서 강물로 내려오는 시선의 이동과 그것이 암시하는 화자의

동선에 주목하게 한다.

삶을 깊이 읽을 만한 우리 시인 넷
정지용

"고고하고 도도한 시인, 근대 시의 아버지"

1단계 **시인의 삶 이해하기**

✦**시인 소개 글**: 신경림의 《시인을 찾아서》에는 정지용의 고향 충북 옥천을 찾아가는 장면부터 시작해 정지용의 생애와 인품에 대한 이야기가 자세히 나온다. 이 자료를 3쪽 정도 분량으로 간추리고 여기에 '정지용 연보'를 덧붙여, 정지용 생애의 주요 시기와 작품을 비교하며 보기 편하도록 만들면 훌륭한 시인 생애 자료가 된다.

✦**영상**: EBS 〈한국기행〉의 "문화예술기행 1부 – 정지용의 차마 그곳이 꿈엔들 잊힐리야" 편을 보면 단지 시인의 생애에 대한

이해만 얻을 수 있는 것이 아니다. 옥천에 사는 할머니, 할아버지들이 고향이 낳은 시인 정지용을 얼마나 소중하게 품고 있는지 느낄 수 있어서 그의 시가 더욱 가깝게 다가온다.

2단계   **대표시 4편 읽고 보물 단어 선정하기**

✦ **대표시**: 〈향수〉 〈유리창 1〉 〈고향〉 〈춘설〉

• 〈향수〉를 교사의 도움을 받아 함축적 의미를 토의하는 시로 선정하고, 〈유리창 1〉 〈고향〉 〈춘설〉을 모둠별로 선택해 함축적 의미를 해석하는 시로 수업을 진행할 수 있다.

3단계   **교사의 도움을 받아 〈향수〉 모둠 토의**

향수

넓은 벌 동쪽 끝으로
옛이야기 지줄대는 실개천이 회돌아 나가고,
얼룩백이 황소가
해설피 금빛 게으른 울음을 우는 곳,
　─ 그곳이 차마 꿈엔들 잊힐 리야.

질화로에 재가 식어지면

비인 밭에 밤바람 소리 말을 달리고

엷은 졸음에 겨운 늙으신 아버지가

짚베개를 돋아 고이시는 곳,

　　— 그곳이 차마 꿈엔들 잊힐 리야.

흙에서 자란 내 마음

파아란 하늘빛이 그리워

함부로 쏜 화살을 찾으려

풀섶 이슬에 함초롬 휘적시던 곳,

　　— 그곳이 차마 꿈엔들 잊힐 리야.

전설 바다에 춤추는 밤물결 같은

검은 귀밑머리 날리는 어린 누이와

아무렇지도 않고 예쁠 것도 없는

사철 발 벗은 아내가

따가운 햇살을 등에 지고 이삭 줍던 곳,

　　— 그곳이 차마 꿈엔들 잊힐 리야.

하늘에는 성근 별

알 수도 없는 모래성으로 발을 옮기고

서리 까마귀 우지짖고 지나가는 초라한 지붕,

흐릿한 불빛에 돌아앉아 도란도란거리는 곳,

— 그곳이 차마 꿈엔들 잊힐 리야.

✦ 기초 어휘: 향수, 벌, 지줄대는, 실개천, 회돌아, 해설피, 잊힐
리야, 질화로, 비인, 겨운, 짚베개, 돋아 고이시는, 함부로, 풀
섶, 함초롬, 휘적시던, 전설, 귀밑머리, 누이, 사철, 이삭, 성근,
우지짖고, 도란거리는

• 그림을 통해 시의 심상을 더욱 풍부히 떠올릴 수 있는 시어:
실개천, 질화로, 재, 짚베개, 풀섶, 귀밑머리, 이삭, 서리 까마귀

✦ 함축적 의미를 토의할 '보물 시어/시구': 흙에서 자란 내 마
음, 파아란 하늘빛이 그리워, 함부로 쏜 화살, 따가운 햇살을
등에 지고 이삭 줍던 곳, 초라한 지붕, 흐릿한 불빛에 돌아앉
아 도란거리는 곳

• 학생들끼리 함축적 의미를 토의하기에 앞서 이 시가 '고향'이
라고 하는 시적 공간을 그림으로 그려 보이듯 제시하는 데 초
점을 두고 있다는 점, 그리하여 그 그림이 환기하는 느낌을
잡아내는 게 감상의 포인트라는 점에 주목할 필요가 있다. 학
생들의 토의가 방향을 잃고 자칫 억지스런 의미 찾기로 흘러
가지 않도록 각 연이 그려 보이는 풍경을 마음속에 떠올리고,
그 풍경이 어떤 느낌을 주는지 환기하는 데 토의의 초점을 두

도록 안내한다. 1연의 경우 '옛이야기 지줄대는 실개천이 회돌아 나가고/ 얼룩배기 황소가/ 게으른 울음을 우는' 풍경의 느낌을 떠올려 보게 한다. 2연에서는 '비인 밭에 밤바람 소리' 들리는 방 밖과, '엷은 졸음에 겨운 늙으신 아버지가/ 짚베개를 돋아 고이시는' 방 안을 동시에 떠올리는 느낌은 어떠한지 생각해보게 한다. 4연은 '검은 귀밑머리 날리는 어린 누이'와 '사철 발 벗은 아내'의 대조가 주는 느낌을 떠올려 보게 한다. 마지막 5연은 하루 중 어느 때인지 알 수 있는 시어를 찾고, 그 시구가 주는 느낌을 떠올려 보게 한다. 이런 식으로 학생들이 일단 각 연이 묘사하는 고향의 정경을 충분히 이미지로 떠올릴 수 있게 하는 것이 중요하다. 전원으로 상징되는 고향도, 그러한 고향의 상실도 경험해본 적 없는 세대이기에, 시인이 시에서 어떤 공간을 그려 보이고 있는지 충분히 떠올려 보고 그 공간을 어떤 느낌으로 묘사하고 있는지 파악해야만 시의 정서 안으로 들어갈 수 있기 때문이다.

4단계   모둠 토의로 대표시 1편 스스로 해석하기

유리창 1

유리에 차고 슬픈 것이 어른거린다.

열없이 붙어 서서 입김을 흐리우니

길들은 양 언 날개를 파다거린다.

지우고 보고 지우고 보아도

새까만 밤이 밀려 나가고 밀려와 부딪히고,

물 먹은 별이, 반짝, 보석처럼 박힌다.

밤에 홀로 유리를 닦는 것은

외로운 황홀한 심사이어니,

고운 폐혈관이 찢어진 채로

아아, 늬는 산(山)새처럼 날아갔구나!

✦ **기초 어휘**: 어른거린다, 열없이, 흐리우니, 길들은, 양, 파다거린다, 황홀한, 심사, 늬

• 그림을 통해 시의 심상을 더욱 풍부히 떠올릴 수 있는 시어: 입김, 산새

✦ **함축적 의미를 토의할 시어/시구**: 유리창, 차고 슬픈 것, 언 날개를 파다거린다, 새까만 밤, 밀려 나가고 밀려와 부딪히고, 물 먹은 별, 외로운 황홀한 심사, 고운 폐혈관이 찢어진 채로, 늬, 산새처럼 날아갔구나

• 학생들끼리 함축적 의미를 토의하기에 앞서 시에 드러난 화자의 상황을 정확히 파악하는 데서 출발하도록 도와주는 것이 좋다. 화자는 지금 유리창 앞에 서 있으며, 유리창에 입김

을 불었다가 닦는 것을 반복하고 있다는 간단한 상황 파악을 먼저 하는 것이다. 이를 디딤돌 삼아 시구의 함축적 의미를 이해해보도록 첫 단추를 잘 잡아주어야 시적 화자의 반복되는 행동이 '유리에 어린 입김의 모습을 보기 위한 것'으로 모인다는 것을 알 수 있다.

고향

고향에 고향에 돌아와도
그리던 고향은 아니러뇨.

산꿩이 알을 품고
뻐꾸기 제철에 울건만,

마음은 제 고향 지니지 않고
머언 항구로 떠도는 구름.

오늘도 뫼 끝에 홀로 오르니
흰 점 꽃이 인정스레 웃고,

어린 시절에 불던 풀피리 소리 아니 나고

메마른 입술에 쓰디쓰다.

고향에 고향에 돌아와도
그리던 하늘만이 높푸르구나.

+ **기초 어휘**: 아니러뇨, 제철, 지니지, 항구, 뫼, 인정스레, 메마른, 쓰디쓰다, 높푸르구나
• 그림을 통해 시의 심상을 더욱 풍부히 떠올릴 수 있는 시어: 산꿩, 뻐꾸기, 항구, 풀피리
+ **함축적 의미를 토의할 시어/시구**: 마음은 머언 항구로 떠도는 구름, 흰 점 꽃이 인정스레 웃고, 메마른 입술에 쓰디쓰다, 그리던 하늘만이 높푸르구나
• 학생들끼리 함축적 의미를 토의하기에 앞서 이 시에 드러난 화자의 상황을 파악한 후 시인이 느끼기에 '변한 것'과 '변하지 않은 것'을 구분해보게 한다. 어느 정도 시의 정서 이해에 대한 밑돌을 깔아주는 것이다. 시의 화자가 그리워하던 고향에 돌아왔다는 상황을 정확히 파악하는 데서 출발해야 한다. 아울러 산꿩이 알을 품는 것, 뻐꾸기가 제철에 우는 것, 흰 점 꽃이 인정스레 웃는 것 등은 변하지 않은 것이고, 풀피리를 불어도 소리가 나지 않고 메마른 입술에 쓰디쓰게 느껴지는 것은 변한 부분임을 찾아내게 하는 식이다.

춘설(春雪)

문 열자 선뜻!
먼 산이 이마에 차라.

우수절(雨水節) 들어
바로 초하루 아침,

새삼스레 눈이 덮인 묏부리와
서느립고 빛난 이마받이하다.

얼음 금 가고 바람 새로 따르거니
흰 옷고름 절로 향기로워라.

옹송그리고 살아난 양이
아아 꿈 같기에 설어라.

미나리 파릇한 새순 돋고
옴짓 아니기던 고기 입이 오물거리는,

꽃 피기 전 철 아닌 눈에

핫옷 벗고 도로 춥고 싶어라.

✦**기초 어휘**: 선뜻, 차라, 우수절, 초하루, 묏부리, 서느럽고, 이마받이, 옷고름, 절로, 옹송그리고, 양, 설어라, 파릇한, 새순, 돋고, 옴짓, 아니기던, 오물거리는, 철, 핫옷, 도로

• 그림을 통해 시의 심상을 더욱 풍부히 떠올릴 수 있는 시어: 묏부리, 옷고름, 미나리, 핫옷

✦**함축적 의미를 토의할 시어/시구** : 핫옷 벗고 도로 춥고 싶어라

• 학생들끼리 함축적 의미를 토의하기에 앞서 이 시는 시적 화자가 느끼는 시각·청각·촉각·미각·후각의 오감이 두드러지는 시임을 주목하게 한다. 그리고 이 시의 계절적 배경이 언제인지, 시적 화자는 지금 어디에서 무엇을 하는지 찾아내게 한다. 특히 3~5연의 2행에서 어떤 것을 느끼고 있는지 시 속에서 충분히 맥락을 찾아보도록 밑돌을 깔아주는 게 좋다. 즉 이 시의 계절적 배경은 초봄으로 대략 2월 18일경인 우수(雨水)가 지난 3월 초 무렵이라는 것, 화자는 문 앞에 내린 봄눈을 보며 놀라고 있으며, 가는 겨울을 아쉬워하기도 하고, 오는 봄의 기운을 온몸으로 느껴보고 싶어 하기도 함을 찾아낼 수 있게 한다. 그리하여 '핫옷 벗고 도로 춥고 싶어라'라는 구절에 표현된 함축적 의미를 찾되, '화자가 지금 어떤 감정

을 표현하고 있는지'를 이해하는 방향으로 토의를 진행하게
한다.

'한 시인 깊이 읽기' 수업에 참고할 만한 시인 평전

시인의 평전을 읽을 때는 꼭 시인의 전집을 옆에 놓고 작품과 대조하면서 읽어야 빽빽이 들어찬 정보의 숲에서 길을 잃지 않고 즐겁게 독서를 할 수 있다. 이러한 공부는 시 작품에 대한 안목을 높여주고 시인에 대해 입체적인 이해를 얻게 해준다.

《윤동주 평전》(송우혜, 서정시학, 2014)

윤동주의 삶과 시를 이해하기 위해서라면 반드시 읽어야 할 평전. 역사가인 송우혜 선생이 가히 윤동주와 사랑에 빠져 쓴 역작이라고 할 만하다.

《김소월, 저만치 혼자서 피어 있네》(박일환, 우리학교, 2013)

현직 교사이자 시인인 저자가 김소월의 생애를 간략하면서도 핵심 위주로 간추린 책.

《강철로 된 무지개―다시 읽는 이육사》(도진순, 창비, 2017)

이육사의 삶에 대한 해박한 이해를 바탕으로 그의 대표작을 심층 해석한 책. 육사의 정신적 토양인 한학, 안동의 항일 전통, 불교 등에 대한 이해를 기반으로 접근했다.

※독립운동가 이육사의 삶을 좀 더 간략히 개괄하고 싶다면 《이육사 평전》(김희곤, 푸른역사, 2010)을 참고.

《백석 평전》(안도현, 다산책방, 2014)

베끼고 싶은 시인으로 백석을 여러 번 언급해온 안도현 시인이 백석의 생애와 작품을 하나로 꿰어낸 역작.

《리얼리스트 김수영》(황규관, 한티재, 2018)

읽기 어렵기로 유명한 김수영 시에 대한 새로운 독법을 얻을 수 있는 책. 시인의 삶과 철학에 대한 이해를 바탕으로 김수영의 시를 연도 순으로 일곱 덩이로 구분하여 특징을 잡아 해석하고 있다.

※그밖에 고광석의 《시인의 가슴을 물들인 만남》(북카라반, 2013)이나 신경림의 《시인을 찾아서》(우리교육, 2013 개정판)도 여러 시인의 생애에 대한 자료가 풍부하다. 또 평론가 황현산 선생이 쓴 책《잘 표현된 불행》(난다, 2019)의 제2부에는 한용운, 김소월, 이상, 윤동주, 김수영 등 8명의 현대 시인에 대한 시인론이 매우 아름답게 정리되어 있어 교사의 비평적 안목을 확장해줄 만하다.

'시적 장면'으로

시 감상하기

시도 영화의
한 장면처럼

시적 장면이 그려진다!
'목소리'의 주인공을 찾아라

앞에서 다룬 "한 시인 깊이 읽기" 수업은 시인의 삶에 대한 이해를 바탕으로 시의 의미를 탐구해볼 수 있도록 설계되어 있다. 그런데 모든 시를 그런 식으로 배경지식을 동원해 감상할 수는 없다. 작품의 외적 맥락에 대한 정보가 없어도 시 한 편을 놓고 스스로 감상할 수 있는 역량을 길러주려면 어떻게 해야 할까. 그러한 문제의식에서 착안한 수업이 바로 "시적 장면으로 시 감상하기" 수업이다.

시적 화자의 상황과 정서를 파악하기 위한 발문을 던지고, 이를 중심으로 시의 의미를 해석하게 돕는 수업 기법은 안석재 선생님의 《문학 수업의 길 찾기》(나라말, 2010)에서 많은 영감을 얻었다. 안석재 선생님은 이 책에서 "학생들과 시를 읽으며 시적 화자의 상황을 재구성하는 작업은, 달리 표현하면 시의 극적 장면을 발견하는 활동이다"라고 하면서, 시적 화자의 상황을 파악하고 이와 유사한 자신의 경험을 떠올리며, 화자가 어떤 심정일지 파악하게 하는 질문 다발을 풍부하게 제시했다. 또한 다양한 시를 제재로 각 시의 시적 상황을 한 문장으로 요약하는 수업 사례는 이낭희 선생님의《나만의 문학 수업을 디자인하다》(휴머니스트, 2019)에서 더 찾아볼 수 있다.

수업 속으로 들어가 보자. 우선 학생들이 '시적 화자'라는 용어를 직관적으로 이해하지 못한다는 점에서 출발할 필요가 있다. 드라마나 소설을 감상할 때는 청소년들이 주인공과 등장인물을 중심으로 감상하고, 또 감상한 바를 표현할 때도 손쉽게 등장인물의 시점으로 감정이입을 하는 것과 비교해보면 이 점은 더욱 확실해진다.

화자는 시가 실어 나르는 정서의 전달자이자, 그 정서가 촉발되기까지의 상황을 담지하고 있는 목소리다. 시를 읽을 때 이 목소리를 감지하지 못한다면 그 시는 발화되지 않은 것이나 다름없다. 독자에게는 어떤 의미 해독도, 정서적 감응도 실려 오지 않으니까. 그러므로 '화자'를 찾는 것, '화자'의 목소리를 느끼는 것, '화자'의 상황을 추론해내는 것에서 시 해석은 출발해야 한다.

시 한 편을 놓고, '화자를 찾아 그의 상황을 이해하고 → 그의 심정을 이해하여 → 시적 장면을 그려내는' 데까지 나아가도록 수업을 설계했다. 여기서 말하는 '시적 장면'이란 화자의 심정이 전해지도록 시적 상황을 두세 문장으로 정리한 것이다. "화자는 어떤 상황에 처해 있고 무엇을 하는지, 화자의 지금 심정은 어떨지"의 형식으로 정리하면 된다.

이를테면 김소월의 〈진달래꽃〉을 수업시간에 읽게 된 학생들은 이 시를 어떻게 이해할까? 우선 읽는 순간 '역겨워', '고이', '드리우리다', '영변에' 등 시어의 뜻을 즉각적으로 떠올리지 못하는 학생들은 독해가 가로막힐 것이다. 다음으로는 시 속에 그려진 상황이 이별을 가정한 상황이라는 것을 떠올리지 못한다면 1연에서 2연으로 그리고 4연까지 이어지는 행위들이 무엇을 말하고 어떻게 의미가 연관, 발전해가는지 그려내지 못할 것이다. 시적 화자의 상황에 대한 파악, 그것은 시의 의미와 느낌을 쌓아가기 위한 기초 토대다. 이것이 마련되지 않은 상태에서는 더 이상의 탐구가 어렵다.

결국 시와 관계를 맺기 위한 첫발자국은 시적 화자의 상황을 파악하는 데서 떼어야 한다. 시 속에서 말하고 있는 목소리의 주인공을 찾아 그는 누구인지, 어떤 상황에 놓여 있고 어떤 사연을 털어놓고 있는지 귀 기울이는 데서 출발해야 한다. 이를 위해 철저히 학생들, 즉 초보 감상자의 입장으로 돌아가 그들 눈높이에 맞춰 시를 여러 번 읽어본 후, 그들이 시의 세계 안으로 한 걸음씩 내디딜 수 있는 징검돌을 놓아주는 게 필요하다.

이해를 돕기 위해 〈진달래꽃〉과 〈광야〉의 시적 장면을 정리하면 다음과 같다.

〈진달래꽃〉(김소월)

화자는 이별의 상황을 가정하면서 자신의 사랑이 얼마나 큰지, 임이 자신을 떠난다면 그 아픔이 얼마나 클지를 역설적으로 호소하고 있다. 사랑하는 임이 자신을 떠난다면 진달래꽃을 따다 뿌리며 앞날을 축복해드리겠노라, 붙잡거나 눈물을 보이지 않겠노라 말하며, 참고 견디는 헌신적인 사랑의 태도를 보이고 있기도 하다.

〈광야〉(이육사)

지금 광야에 비록 눈이 내리지만, 화자는 봄을 알리는 매화 향기를 홀로 아득히 느낀다. 광야에서 싹터 힘차게 흘러온 과거의 긴 시간에 비해 이 겨울의 고난은 아주 짧은 순간에 지나지 않음을 알기에, 화자는 미래의 인류가 목청껏 부를 자유의 노래의 씨를 의연하게 뿌리고 있다.

실습 | 〈진달래꽃〉
시적 장면 떠올리기

〈진달래꽃〉 시를 읽으면서 시적 화자의 상황, 즉 이별의 상황을 가정하면서 자신의 사랑이 얼마나 큰지, 임이 자신을 떠난다면 그 아픔이 얼마나 클지를 역설적으로 호소하고 있는 화자의 감정을 학생들 스스로 읽어내게 하려면 어떻게 해야 할까? 교사의 설명을 통해서가 아니라 학생들 스스로 사고하고 느끼게 하려면 어디부터 어떤 방식으로 두드리면 좋을까?

〈진달래꽃〉은 노래로도 널리 알려졌고 국어 교과서에도 빠짐없이 실려 있어 매우 익숙한 작품이다. 그만큼 안이하게 도식적인 방식으로 읽힐 소지가 있는 작품이기도 하다. 〈진달래꽃〉을 활용해 시적 화자를 찾고, 그의 상황을 파악해 시의 정서를 느끼는 데까지 나아가게 돕는 발문을 만들어보자.

나 보기가 역겨워

가실 때에는

말없이 고이 보내 드리우리다

영변에 약산

진달래꽃

아름 따다 가실 길에 뿌리우리다.

가시는 걸음걸음

놓인 그 꽃을

사뿐히 즈려밟고 가시옵소서

나 보기가 역겨워

가실 때에는

죽어도 아니 눈물 흘리우리다.

이 시를 학생들 눈높이에서 여러 번 읽어보면 일단 1연의 첫 단어, 그리고 마지막 4연에 한 번 더 나오는 '나'라는 시어에서 출발해야 함이 눈에 뜨인다. 화자가 누구인지가 '나'라는 단어를 통해 직접적으로 노출되어 있기 때문이다. 또한 이 시는 내 이야기를 들어줄 누군가(청자)를 전제한 상태에서, 그에게 말을 건네는 형식으로 되어 있다는 점도 두드러진다. 이 점을 놓치지 않고 발문으로 만들면, 학생들은 이 시에 발 디딜 기착점을 찾을 수 있게 된다. 학생들이 이제 시 속에서 말하고 있는 목소리를 찾아내고, 그 목소리에 주의를 기울이기 시작하게 되어, 화자가 사랑하는 상대에게 말을 건네고 있음을 눈치 챌 수 있게 되는 것이다.

이 시의 화자는 누구인가? 어디에서 알 수 있나?
• "나" "어떤 여인" "어떤 남자"

이 시의 화자는 누구에게 말을 하고 있나? 듣는 이는 화자와 무슨 관계인가?
• "너" "그대" "당신" "화자와 사랑하는 사이이다." "화자와 사랑하는 사이였다."

시라고 하는 발화 상황의 기본이 파악되었다. 이제 한 걸음 더 내딛게 한다. 시로 표현할 만한 정서가 촉발되는 상황, 화자가 처한 상황을 최대한 자세히 파악해보게 하는 것이다.

화자는 지금 어떤 상황에 처해 있는가?
• "사랑하는 사람이 자신을 떠나는 이별의 상황을 가정해보고 있다." "사

랑하는 사람이 자신을 떠나려 한다."

✦ 화자는 그 상황에서 무엇을 어떻게 하겠다고 말하나?
- "사랑하는 임이 자신을 떠난다면 진달래꽃을 따다 뿌리며 앞날을 축복해드리겠노라, 붙잡거나 눈물을 보이지 않겠노라 말하고 있다."

여기까지는 미숙한 감상자인 학생의 눈높이로 시 읽기의 기본적인 토대를 마련하기 위한 발문이었다. 이제부터는 본격적으로 교사의 비평적 안목이 필요한 순간이다. 이 시를 깊이 있게 감상하기 위해서는 '반어'와 '역설'을 통해 표현하고 있는 이야기의 애매성을 있는 그대로 감지하는 것이 필수다.

그런데 이 반어와 역설을 감지하려면 모순에 대한 감각, 즉 겉으로 드러난 언명을 있는 그대로 받아들이기에는 무언가 석연치 않은 분위기가 있다는 것을 알아챌 수 있게 일깨워야 한다. 이를 위해 학생들 생각의 옆구리를 쿡 찌르는 질문을 다음과 같이 만들어볼 수 있다.

✦ 이 시의 화자는 "당신이 나를 떠나려 하면 붙잡지 않고, 슬픔도 표현하지 않고, 앞날을 축복하며 보내드리겠다"고 말하고 있다. 그런데 겉으로 드러난 화자의 말을 있는 그대로 믿기에는 뭔가 앞뒤가 맞지 않는 부분이 있다. 겉으로 드러난 화자의 말과는 달리 모순적인 태도가 느껴지는

시어를 찾아보라.

이와 같이 질문을 던진 다음 1연에서는 '(나 보기가) 역겨워'와 '고이 (보내 드리우리다)' 사이에서 모순을 느낄 수 있음을 슬쩍 팅겨준다. 그때부터 학생들의 사고는 더욱 꿈틀댄다. 그리고 곧잘 2연에서는 '아름 따다'와 '가실 길에 뿌리우리다', 3연에서 '사뿐히'와 '즈려밟고', 4연에서 '죽어도'와 '아니 눈물 (흘리우리다)' 사이의 모순에 대해 느끼기 시작한다.

여기까지 오면, 시를 해석하기 위한 기본 토대인 '시적 화자의 상황'이 뚜렷이 드러나고, 희미하기만 하던 시의 의미가 서서히 윤곽을 드러내기 시작한다.

이제 한 걸음 더 나아가 화자의 정서를 느껴볼 차례다. 이 상황에서 화자가 무엇을 느끼고 있는지 이해한다면, 그가 왜 이 시를 '발화'하고 있는지, 이 시를 통해 말하고자 하는 것은 무엇인지 뚜렷이 모습이 드러날 터다.

다시 학생들 눈높이로 돌아가 시를 여러 번 훑어보면, 아직 표면적인 의미와 내포한 의미 사이의 모순이 심각하지 않은 1, 2연과 달리 3연부터는 갸우뚱하며 의구심이 강하게 일어나리라는 것을 쉽게 짐작해볼 수 있다.

사실 1, 2연까지만 본다면 시가 표현하고 있는 그대로 '그래, 내가 싫어져서 떠난다면 불평하지 말고 보내줘야지, 꽃 선물이라도 하며 앞날을 빌어줘야지'라고 읽어도 무방하다. 하지만 3연은 다르다. 꽃을 뿌려줄 테니 그 꽃을 '사뿐히' '즈려밟고' 가라는 말은, 읽는 순간 의아한 느낌을 유발하기 때문이다.

이 순간을 놓치지 않고 튕겨주는 것이 좋다. 3연을 그냥 지나치지 못하도록, 잠깐 멈추어 화자의 감정을 느껴보도록 요구하는 것이다. 멈추어 느끼면서 읽는다면, 자신이 몸소 한 아름 따와서 길에 뿌린 꽃, 그렇기에 자신의 분신이자 상대에 대한 감정도 담겨 있을 그 붉은 진달래꽃을 밟고 가는 모습을 떠올릴 수 있고, 그 장면에서 화자가 느낄 아픔도 공감할 수 있기 때문이다.

한편으론 그 연약한 꽃잎을 어느 누가 '즈려밟'으면서 '사뿐히' 갈 수 있겠는가 하는 의문도 들 터이고, 드러내어 말을 하지 못할 뿐 화자는 떠나지 말라고 붙잡고 싶은 마음이겠구나, 하고 나아가볼 수도 있다.

같은 방식으로 4연도 그냥 지나치지 못하게 멈추어 다시 읽고, 느껴보게 요구할 필요가 있다. 울지 않겠다는 말 앞에 하필 '죽어도'라는 강한 느낌의 수식어를 굳이 붙인 점에 주목하게 하는 것이다. 일차적으로는 '죽어도 울지 않겠다'는 말에서 나를 떠나려는 임의 마음에 부담을 주지 않으려는 헌신적인 마음을 느낄 수 있겠다. 여기서 더 나아간다면, 자신을 떠난다면 죽을 만큼 슬프고 아플 것 같다는 말을, 화자가 겉으로 드러내지 못할 뿐 은근하게라도 전하고 싶어 하는 것 아닌가? 의문을 품는 것도 충분히 가능하리라.

◆ 3연의 '사뿐히 즈려밟고 가시옵소서'에서 느껴지는 화자의 심정은 어떠한가?

- "자신의 분신이자 사랑의 상징이기도 한 붉은 진달래꽃을 밟고 가는 임의 모습에서 화자의 큰 아픔이 느껴진다."
- "그 연약한 꽃잎을 어느 누가 즈려밟으면서 사뿐히 갈 수 있겠는가 하는 점을 생각할 때, 드러내고 말은 하지 못해도 떠나지 말라고 붙잡고 싶어 하는 마음도 느껴진다."

◆ 4연의 '죽어도 아니 눈물 흘리우리다'에서 느껴지는 화자의 심정은 어떠한가?

- "죽어도 울지 않겠다는 말에서 나를 떠나려는 임의 마음에 부담을 주지 않으려는 헌신적인 마음이 느껴진다."
- "울지 않겠다는 말 앞에 하필 '죽어도'라는 강한 느낌의 수식어를 굳이 붙인 점을 생각할 때, 임이 날 떠난다면 나는 죽을 만큼 슬프고 아플 것 같다는 말을 겉으로 드러내지는 못해도 은근하게 전하고 싶어 하는 모순적인 마음도 느껴진다."

이제 시의 상황과 정서를 온전히 자신의 경험으로 붙잡을 차례다.

시 전체의 내용을 고려할 때 화자가 하고 싶은 말은, '날 떠나야 할 상황이 오면 당신을 보내겠다', '보내지 못하겠다', '붙잡겠다', '고이 보내주겠다' 사이의 어디쯤임을 학생들은 느낄 수 있을까? 그 애매성 가운데에 임에 대한 화자의 곡진한 사랑이 녹아 흐르고 있음을 감지하기 바라며, 각 연에 그려진 상황과 거기 흐르는 분위기와 정서를 정리해보라는 발문을 마지막으로 던져볼 수 있을 것이다(필요하다면 교사가 한두 연을 예시로 제시해줄 수도 있다).

아울러 이러한 말을 하는 화자의 말투는 어떠한지, 자신이 배우로서 이 시를 낭독한다면 어떤 말투로 읽으면 좋을지 느껴보라고 주문한다. 상상하는 것만으로도 커다란 슬픔인 이별을 가정하며 터져오르는 사랑과 슬픔을 애써 눌러 참는 어조를 시 안에서 느낄 수 있기를 바라며 그렇게 주문해보는 것이다.

✦ 각 연에서 그려진 상황과 거기에서 느껴지는 분위기나 화자의 감정은?

- "1연에 화자가 싫어져 떠나려는 상대를 편하게 보내주려는 모습이 그려져 있다."
- "화자와 그 상대방이 만나는 게 힘겨워진 상황이라서 상대를 편하게 보내주려는 모습일 수도 있다."

- "1연에서 상대에 대한 화자의 커다란 사랑이 느껴진다."
- "2연에 진달래꽃이 아름다운 영변 약산에 올라가 한 아름 그 붉은 꽃을 따서는 자신을 떠나려는 상대에게 뿌리려는 모습이 그려져 있다."
- "붉은 진달래꽃이 아름답게 느껴진다."
- "그 아름다운 꽃을 자신을 떠나려는 상대에게 뿌리는 모습에서 커다란 슬픔과 그것을 애써 참는 화자의 마음도 느껴진다."
- "3연에 화자가 뿌린 진달래꽃은 땅에 떨어지고 그것을 사뿐히 밟고 떠나야 하는 상대의 모습이 그려져 있다."
- "땅에 떨어진 꽃이 가련하게 느껴진다."
- "떠나기 위해서는 그 꽃을 밟아야 하는 상대의 발끝도 상상할 수 있다."
- "떠나라고 하지만 쉽게 떠날 수 있을까? 모순이 느껴진다."
- "4연에 자신이 싫어져 떠나려는 상대에게 절대로 눈물을 보이지 않으려는 화자의 모습이 그려져 있다."
- "화자와 그 상대방이 만나는 게 힘겨워진 상황이라 이별해야 하는 것일 수도 있다."
- "죽어도 울지 않겠다는 말에서 너무나 큰 슬픔이 느껴진다."
- "상대에 대한 화자의 커다란 사랑이 느껴진다."

이 시의 화자의 말투(어조)는 어떠한가?

- "상상하는 것만으로도 커다란 슬픔인 임과의 이별을 가정하며 터져오르는 사랑과 슬픔을 애써 눌러 참는다."

실습 2 〈광야〉
체계적인 발문 만들기

영화나 드라마의 한 장면을 감상하듯 시 속 장면을 그려보게 하여, 시적 화자의 상황과 정서를 맛보게 하는 이러한 수업 설계는 학생들에게 대단히 유용한 문학적 체험을 제공할 수 있다. 세상의 어떤 십대가 시 〈진달래꽃〉의 주제는 '승화된 이별의 정한'이라는 말의 의미를 제대로 느낄 수 있을까? 그러나 교사가 놓아주는 징검돌을 밟으며 한 걸음씩 이 시의 강을 건너본 학생이라면 그 목소리의 주인공을 만나 그의 내면을 체험하고 돌아올 수 있었을 것이다.

이제 이육사의 〈광야〉를 활용해 학생들이 시적 장면을 떠올리게 돕는 체계적인 발문을 만들어보자.

까마득한 날에

하늘이 처음 열리고

어데 닭 우는 소리 들렸으랴

모든 산맥들이

바다를 연모해 휘달릴 때도

차마 이곳을 범하던 못하였으리라

끊임없는 광음(光陰)을

부지런한 계절이 피어선 지고

큰 강물이 비로소 길을 열었다

지금 눈 나리고

매화 향기 홀로 아득하니

내 여기 가난한 노래의 씨를 뿌려라

다시 천고(千古)의 뒤에

백마 타고 오는 초인(超人)이 있어

이 광야에서 목 놓아 부르게 하리라

우선 시적 화자가 누구인지를 찾고, 그가 어떤 상황에서 무엇을 하고 있는지 파악할 수 있도록 차근차근 물어 나간다. 특히 이 시는 시적 대상인 광야에 대한 묘사와, 그것에 대한 화자의 느낌과 태도를 표현하는 데 초점이 맞추어져 있음을 교사가 먼저 파악하는 것이 중요하다. 따라서 이를 향해 발문이 점층적으로 놓이도록 설계할 필요가 있음에 주목하자.

✦ 이 시의 화자는 누구인가? 어디에서 알 수 있나?

- "나"
- "4연 4행에 '내 여기 가난한 노래의 씨를 뿌려라'에서 '나'가 나온다."

✦ 화자가 바라보는 대상은 무엇인가?

- "광야를 바라보고 있다."

✦ 화자는 지금 어디에서 무엇을 하고 있나?

- "눈 내리고 멀리 매화 향기가 희미하게나마 맡아지는 광야에서 가난한 노래의 씨를 뿌리고 있다."
- "광야에서 가난한 노래의 씨를 뿌리겠다고 다짐한다."

이 시는 또한 역동적이고 웅혼하며 신성함까지 느껴지는 과거에 비하면, 또 앞으로 이어질 기나긴 미래에 비하면 현재는 찰나에 지나지 않은 순간이라는 거대한 시간의 축 위에서 전개

되고 있음을 파악할 때 해석이 쉬워진다. 고도의 상징어로 인해 좀처럼 맥락을 찾아내지 못하는 학생들도 손쉽게 감지할 수 있는 시간 부사어 '지금'에 주목하게 하여 기나긴 시간의 축을 인식하게 돕는다면, 이 시의 본령을 해치지 않으면서도 조금 더 쉽게 시 속으로 파고들 수 있음을 놓치지 말자.

✦ '눈 내리는 광야'는 과거 풍경인가, 현재인가, 미래인가?

• "현재"

✦ 이 시에서 현재 풍경이 나타난 연은? 그럼 '광야'의 과거를 알 수 있는 연은? 반대로 '광야'의 미래가 그려진 연은?

• "4연. 1행에 '지금 눈 나리고'를 통해 현재의 상황을 말하고 있음을 알 수 있다.

• 1~3연이 과거이다. 1행 '까마득한 날에'를 보면 알 수 있다."

• 5연이 미래이다. 1행 '다시 천고의 뒤에'는 먼 훗날이라는 뜻이다."

✦ 이 시에 그려진 풍경은? 1~3연, 4연, 5연으로 각각 나누어 그려보라.

• "1연부터 3연까지 까마득한 옛날, 하늘이 처음 열린다. 산맥이 힘차게 바다를 향해 뻗어 나가면서도 이곳은 침범하지 못했다. 그 광야에 끊임없는 세월이 흘러 드디어 큰 강물이 자기 길을 내기 시작한다."

• "4연에서 지금 광야에 눈이 내리고 있다. 그 속에 매화 향기가 아득하게

느껴진다." "화자는 그곳에서 노래의 씨를 뿌리려 결심한다."

- "5연에서 오랜 세월 뒤 초인이 백마를 타고 광야에 와서 노래를 목 놓아 부른다." "초인이 백마를 타고 와서, 오래전 겨울 여기서 이 노래의 씨를 뿌렸던 '나' 즉 화자를 목 놓아 부른다."

시에 제시된 장면을 구체적으로 하나씩 떠올려 보았다. 이제 그 장면 속에서 화자가 무엇을 느끼고 있는지 이해할 차례다.

✦ 4연의 '내 여기 가난한 노래의 씨를 뿌려라'에서 느껴지는 화자의 심정 은 어떠한가?

- "자기 자신에게 단호한 목소리로 명령을 내리는 모습에서 무엇도 꺾을 수 없는 화자의 강한 의지를 느낄 수 있다."

✦ 5연의 '이 광야에서 목 놓아 부르게 하리라'에서 느껴지는 초인의 심정 은 어떠한가? 또 그런 초인의 모습을 상상하고 있을 화자의 심정은 어 떠할 것 같은가?

여기서 학생들이 좀처럼 갈피를 잡지 못한다면 적절한 징검 돌을 하나 더 놓아주는 것이 필요하다. 5연에 제시된 감정을 느 끼기 위해 '초인이 무엇을(혹은 누구를) 부르는지' 그 모습을 상상 해보라고 요구해볼 수 있다.

- "초인은 노래를 목청껏 부르고 있다."

- "초인은 화자인 '나'를 애타게 부르고 있다."

- "초인은 잠깐의 겨울을 뒤로 하고 본래의 강인함과 경이로움을 회복한 광야에서 목청껏 자유의 노래를 부르고 있다."

- "초인은 지금 자신이 부르고 있는 노래의 씨를 지난 겨울에 뿌렸던 화자를 목 놓아 부르며 기억하고 그리워하고 감사한다."

- "초인은 슬퍼한다." "감격에 겨워한다." "초인은 누군가를 굉장히 그리워한다."

- "화자는 아주 오랜 시간까지 내다보며 현재의 고난과 실천을 의연하게 견뎌낸다."

이렇게 시적 화자의 정서를 이해하고 나면 학생들은 이제, 좀전까지 풍경처럼 떠올렸던 시에 분위기를 얹어 떠올릴 수 있게 된다. 그 부분을 확인하는 발문을 만들어보자.

이 시에서 느껴지는 분위기는? 1~3연, 4연, 5연으로 각각 나누어 그려보라.

- "1연부터 3연까지의 분위기는 원시적인 공간의 느낌이 풍긴다." "웅혼하다." "역동적이다." "힘이 넘친다." "경이롭다."

- "4연에서 긴장감이 느껴진다." "기다림을 느낄 수 있다." "고통이 느껴진다."

• "5연에서 희망과 비장함이 모두 느껴진다."

시적 장면과 시의 분위기를 파악한 학생들은 이제 시의 어조를 결정할 수 있다. 능숙한 배우가 감독이 요구하는 정확한 성격으로 연기하듯, 그 시가 담고 있는 정서에 맞는 말투가 무엇인지 떠올릴 수 있게 될 것이다.

✦ **화자의 말투(어조)는 어떠한가? 1~3연, 4연, 5연으로 각각 나누어 느껴보라.**

• "1연부터 3연까지는 힘찬 어조로 읽으면 좋을 것 같다."
• "4연은 단호하게 읽어야 한다."
• "5연을 맡은 배우라면 확신과 그리움을 담아야 한다."

시 창작 수업

그까이거,
우리도 써보자,
시!

시의 정수를 만나는 법
백 편 읽기보다 한 편 쓰기

시집을 펼쳐 자신에게 다가오는 시를 즐겨 읽고, 한 시인을 깊이 읽으며 시 장르에 친숙해지기 위한 배경지식을 넓히고, 시적 장면을 상상하며 시 읽는 안목을 키웠다면, 이제 시 쓰기에 도전해 보자. 시를 백 편 읽을 때보다 사실 자신만의 시를 한 편 써보면, 시다운 표현법의 정수에 대해 제대로 고민할 기회를 갖게 된다.

아울러 시는 생활 교육이나 인성 교육, 인생 수업 면에서도 각별한 의미를 갖는다. 자신의 삶에서 시다운 것, 기록할 만한 것이 무엇일까 돌아보는 과정에서 느끼는 게 많기 때문이다. 특히 상처가 있는 아이들의 경우 지금껏 감추고 싶은 콤플렉스라고만 생각했던 경험이나 열등감에 대해 곰곰이 사유하면서, 내적으로 변화가 일어나는 것을 관찰할 수 있다. 혼잣말이나 넋두리를 넘어, 남들과 교감할 수 있는 어떤 것으로 자기 상처를 갈고 다듬은 끝에 그것이 진주가 되는 '자기 치유'를 경험한다.

하지만 학생들은 시를 쓰자고 하면 대개 움츠러든다. 시를 읽으면서 스스로 생각을 해본 경험보다는 교사가 시의 뜻을 가르쳐주면 그냥 받아 적던 습관이 강하기 때문이다. 시는 재미없고 어렵기만 하며, 특별한 재능이 있는 사람이나 쓰는 것이라는 생각이 자리 잡고 있다.

시는 대단한 사람, 특별한 사람만 쓰는 것이 아니다. 살면서 보고 겪고 느낀 것 중에서 남기고 싶은 것을 잡아내 시답게 가다듬으면 된다. 특별한 경험을 한 사람만이 쓸 수 있는 것도 아니다. 자기 주변의 사물이나 사람에 마음을 기울여 관찰할 때 우러나는 자기 생각을 잡아내면 시가 된다. 다음 시 두 편을 읽어보자.

향수

방을 치우다가
편지 하나를 발견했다.
과거 내 친구가 보낸
5년 전의 편지

한 글자 한 글자
삐뚤빼뚤하지만
정성 가득 담긴
손 글씨.
별 내용 없지만
옛날을 생각하게 해
마음이 울컥해진다.

남 눈치 보지 않고
하하 호호 웃으며
다 같이 뛰어놀던
그 시절

그때의 어린아이는
온데간데없어지고
남 눈치 보며 조용히 사는
애늙은이 하나만 남았네.

5년이 지난 지금도
그 편지엔
그 친구의 따뜻한 손길이 남아 있다.

– 임대희(학생)

언니로 산다는 것은

내가 태어났을 때
언니는 나에게 유모차를 양보했다
그리곤 책을 읽어주고
분유를 타 먹여주었다

내가 학교에 들어갔을 때
언니는 친구들과 재밌게 놀고 있었다
나와 있을 때는 다른
집에서는 볼 수 없던 모습이었다

내가 더 컸을 때
언니는 나에게 쓴소리를 했다
엄마 말 잘 들어라
돈 아껴 써라
열심히 공부해라
언니가 너무 미웠다

내가 울고 있을 때
언니는 나에게 말없이 초콜릿을 주었다
부끄러운 얼굴과 미안한 듯 떨리는 손끝

나의 언니로 산다는 것은 그런 것이다
– 이다희(학생)

　첫 번째 시 〈향수〉를 보자. 서랍을 뒤지면 잠자고 있는 편지 한 통쯤 누구나 발견할 수 있다. 이 학생은 누구에게나 있는 '편지 한 통'으로 시를 썼다. 오래된 편지를 보고도 시를 쓰지 않는 학생이 있는가 하면, 그 사물에 마음을 기울여 관찰하고 자기 생각을 실어 시로 쓴 학생도 있다.

　두 번째 시 〈언니로 산다는 것은〉은 누구에게나 있는 형제자매 이야기가 시가 되었다. 언니에 대해 오래 생각해보면서 그간 겪은 일 중 남기고 싶은 것을 잡아내 시로 쓰는 학생도 있고, 시를 쓰려 해도 쓸 것이 생각나지 않아 멍하니 앉아 있는 학생도 있다.

　쓸 거리가 없어서 못 쓰는 게 아니라, 무수히 많은 일을 겪어도 막상 글로 쓰려고 하면 다 사라져버리고 머릿속이 텅 빈 것처럼 되어 못 쓰는 것이다. 물론 나만의 사연이 시가 되기도 한다. 가슴속에 맺힌 것, 자기 삶에서 절박한 사연이나 감정을 토해내듯 쓰면 시가 될 수 있다. 이 경우에 자기 삶을 솔직하게 직시하고 드러내는 용기 있는 삶의 태도가 필요하다.

시 창작 수업의 진행 과정은 "짧은 시 즐겨 읽고 필사·암송하기―짧은 시 쓰고 고쳐쓰기―본격 시 쓰기―고쳐쓰기를 통해 시적인 표현법 터득하기"의 네 단계로 간단히 도식화할 수 있다. 각 단계에 따라 시수 진행을 계획해보면 대략 다음과 같다.

첫 번째 "짧은 시 즐겨 읽고 필사·암송하기" 단계에서는 시집을 충분히 나눠주고 짧은 시 위주로 골라 읽으면서 마음에 드는 시를 최대한 여러 편 골라 시집 귀퉁이를 접어두라고 한다. 고른 시 중 다섯 편 정도를 골라 필사하고 그중 한두 편은 암송도 하게 한다. 두 차시 정도 계획하면 넉넉하다.

두 번째 "짧은 시 쓰고 고쳐쓰기" 단계에서는 자신의 삶에서 시가 될 만한 것을 이끌어내 15줄 정도의 줄글로 표현한 다음, 이를 짧은 시로 다듬는다. 그리고 행과 연을 부리는 법, 장면화하여 쓰는 법 등 고쳐쓰기에 꼭 필요한 기술을 배워 자신의 시를 직접 고쳐쓰기 해본다. 고쳐쓰기 방법을 설명하기 위해 예시용 학생 창작시를 준비해가는 게 좋다. 시를 쓰는 데 한 차시, 고쳐쓰는 법을 설명하고 각자 자신의 시를 고쳐쓰게 하면서 필요한 경우 개인 질의응답을 진행하는 데 두 차시 정도 계획하면 넉넉하다.

세 번째 "본격 시 쓰기" 단계에서도 처음에는 시집을 나눠준

후 '쓰기 위한 읽기'를 진행한다. 가까운 사람을 소재로 쓴 시 위주로 골라 읽고 마음에 드는 시는 시집 귀퉁이를 접어 표시한다. 그중 다섯 편 정도를 필사하고 한두 편은 암송도 한다. 이렇게 하는 동안 누구를 소재로 하여 시를 쓰고 싶은지 결정하고, 그 사람을 소재로 시를 쓰게 한다. 필사 및 암송에 두 차시, 구상하고 시를 쓰는 데 한두 차시를 계획한다.

네 번째 "고쳐쓰기" 단계는 시의 형상화 기법, 간결하게 다듬기, 제목 고민하기 등 고쳐쓰기의 구체적인 방법을 배운 다음 자신의 시를 본격적으로 고쳐쓰는 단계로 한두 차시를 계획한다.

'시 창작' 수업 과정 (대상: 중학교 3학년)

차시	학습 내용(교수학습활동)	자료
1단계 (1~2차시)	시집에서 짧은 시 즐겨 읽고 필사·암송하기	시집 여러 권 학습지
2단계 (3~5차시)	짧은 시 쓰고 고쳐쓰기	예시용 창작시
3단계 (6~9차시)	본격 시 쓰기 • 시집에서 가까운 사람을 소재로 쓴 시 즐겨 읽고 필사·암송 • 가까운 사람을 소재로 쓸 시 구상하기 • 가까운 사람을 소재로 시 쓰기	시집 여러 권
4단계 (10차시)	고쳐쓰기	

쓰기 위한 읽기

필사부터 암송까지, 나만의 창작 곳간 채우기

글을 쓰려면 먼저 많이 읽어보는 것이 기본이다. 그런데 쓸 것을 염두에 두고 읽는 수업은 그냥 읽는 것과 달리, 똑같이 시를 읽더라도 '쓰기 위한 읽기'라는 목표에 맞게 흐름을 짜야한다.

우선 시집을 수준별·소재별로 다양하게 준비해 나눠준다. 흥미를 느끼지 못하는 학생이 있다면 내버려두지 말고 흥미가 갈만한 다른 시집으로 계속 바꿔주면서 도와주는 게 좋다. 즐겨 읽을 수 있는 시집을 찾으면 누구나 안정되게 몰입해 읽는 모습을 확인할 수 있다.

먼저 짧은 시 위주로 골라서 읽고 마음에 드는 시의 제목과 시인을 적어두라고 안내한다. 최대한 많이 모으는 게 좋다. 시를 쓸 때 시다운 표현법을 참고할 수 있는 자기만의 재산을 모으는 것이라고 말하면 조금 더 적극적으로 모은다.

고른 시 중 다섯 편 정도를 필사한다. "행과 연, 띄어쓰기 등을 철저히, 즉 시인의 생각을 존중하면서 옮겨 쓰라"는 정도로 지시하는 게 좋다.

필사가 끝나면 그중 한 편을 골라 암송한다. 검색만 하면 웬만한 시의 원문을 금세 찾아낼 수 있는 시대에 무언가를 외우라는 것이 조금 고리타분한 수업 방법은 아닐까 싶어 잠시 망설인 것이 사실이다. 하지만 뜻밖에도 시를 암송하는 동안 학생들이 얼굴이 환해지도록 몰두하는 모습을 확인할 수 있었다.

시 암송은 학생들 입장에서는 했나 안 했나, 잘했나 못했나를 굉장히 정직하게 바로 바로 확인할 수 있는 과제다. 단순하게 몰입할 수 있는 학습이고, 성과를 금방 눈에 띄는 방식으로 확인할 수 있다는 점에서, 학생들은 시 암송을 마치 게임의 레벨 업처럼 쉽고 재밌는 활동으로 생각하는 것 같았다. 물론 아름다운 말과 기발한 표현, 자신이 평소에 느꼈던 어떤 감정들에 대한 깊은 공감에서 나오는 즐거움도 이 활동에 몰입하게 만드는 숨은 동기로 작용했을 것이다.

작은 새처럼 열심히 입을 오물거리며 자신이 외운 시를 확인받고, 또 친구가 행여 더듬지는 않나, 막히지는 않나, 단어 하나 행 구분 하나를 실수하지는 않나 초집중하면서 시 암송을 듣는 모습은 흐뭇했다. 이렇게 암송한 시는 자신도 모르는 사이에 가슴 깊이 가라앉아 언어의 우물이 된다. 그뿐인가? 가슴에 간직된 아름다운 시는 영혼의 양식이 된다.

짧은 시 쓰기

"밖에서 찾지 마세요.
시의 보물은 내 마음 안에 있으니까요"

짧은 시는 학생들 입장에서는 일단 부담이 없다. 얼핏, 읽기도 편하고 쓰기도 쉬워 보인다. 외우는 건 더 금방이다. 그런데 짧은 시를 외우고 써보면 그 안에 시다운 어떤 것이 담겨 있음을 몸으로 느낄 수 있다. 짧은 시를 읽고, 필사하고, 암송하는 활동을 하면서 시다운 표현법을 자연스레 익히는 것이다.

여기에 이어서 본격적으로 자신만의 시를 써보기 위해 자기 삶에서 시가 될 만한 것을 이끌어낸다. 먼저 자신에게 있었던 감동적인 일을 떠올려 보라고 한다. 깨달았던 일도 좋고, 인상적인 장면이나 그저 어떤 작은 느낌도 괜찮다.

잘 떠올리지 못하는 학생들을 위해 "어제, 그제, 일주일 전, 중간고사, 한 달 전, 여름방학, 작년, 재작년, 초등학교 시절, 더 어린아이 시절까지 눈을 감고 천천히 시간을 더듬어 올라가며 자신에게 일어난 일을 떠올려 보라"고 암시를 준다. 이어서 "나무나 풀을 보면서, 길을 걸으며 본 모습 중 기억에 남는 이미지를 떠올려 보라"고, "하루하루 살아가던 중에 문득 깨달았던 생각 등을 떠올리는 것"이라고 말해준다. 그리고 무언가 떠오르면 짧게 끄적인 다음 그 끄적인 내용을 중심으로 방금 떠올린 일을 친구에게 자세히 설명하듯 써보라고 요구한다. 시를 쓰기 전 15줄 정도의 줄글을 마련하는 것이다.

짧은 줄글 쓰기

앞에서도 살펴본 것처럼, 시를 못 쓰는 이유는 쓸 거리가 없어서가 아니다. 시를 쓰려 해도 쓸 것이 생각나지 않아서다. 무수히 많은 일을 겪어도, 막상 글로 쓰려고 하면 그 많은 경험이 다 사라져버리고 머릿속이 텅 빈 것처럼 되어 못 쓰는 것이다. 따라서 시 창작 수업에서는 학생들이 자신의 삶을 돌아보며 자신의 경험을 관찰하고 매만지는 길로 들어서게 해주는 게 교사의 가장 중요한 역할이 된다.

쓸 거리가 없다며 멍하니 앉아 있는 학생들이 분명 있을 터이니 이들을 이끌어낼 주문을 준비해 교실에 들어가는 것이 중요하다. 학습지를 나눠주고 주문을 걸듯 안내문을 천천히 읽어주면서 교실 내에 차분한 사색의 공기가 차오르게 유도한다. 가만히 자신에게 집중하는 것이 서툴고 낯선 아이들이 옆 친구를 쿡쿡 찌르고 말을 걸면서 산만해지려고 하면 "밖에서 찾지 마세요. 시의 보물은 자기 마음 안에 있습니다. 조용히 자신 안으로 들어가 보세요"라며 부드럽게 이끈다.

교사가 먼저 자신감 있으면서도 여유 있는 마음가짐을 갖는 게 중요하다. 시간차는 있어도 학생들 모두 자신만의 시를 길어 내려 내면으로 내려갈 수 있을 것이라는 믿음을 유지하는 것 말이다. 그 차분한 믿음은 아이들에게도 전달되어 그들을 사색의 세계로 이끄는 힘이 된다.

쓸 거리를 떠올린 다음 그것을 15줄 정도의 줄글로 풀어쓰는 동안 학생들은 자기 글감에 대한 확신을 갖게 되고, 무의식적으로 시의 흐름을 머릿속에서 그려보게 된다. 이즈음에 교실의 분위기를 살펴보면, 생각나는 게 있는 학생들이 먼저 끌어가고, 차분한 사색이 서툰 아이들은 뒤따라 천천히 따라나서는 모습을 볼 수 있다. 학생 글을 통해 이러한 분위기를 확인해보자.

학원을 끝내고 호만천 길을 따라 쭉 걸어갔다. 이어폰에서 흘러나오는 노래, 고요히 흐르는 시냇물, 흔들리는 나뭇잎과 바람. 모든 감각들이 나를 향했고, 모든 시간이 나를 향해 멈춰 있는 기분이 들었다. 그리곤 스스로에게 물었다.

"오늘 하루 잘 보냈니?"

"할 일은 다 끝냈니?"

"말실수를 하여 다른 사람에게 상처를 주지 않았니?"

질문은 물어보니 끝이 없었고, 답은 꼬리에 꼬리를 물어 길어지기만 했다. 아니 사실 명확하고 원하는 답을 하지 못했다. '나 스스로'를 생각하면서 살기보단 '남이 보는 나'에 대해 생각하면서 살았기 때문이다. 노래에서 "hyper real"이라는 가사가 들렸다. 내가 보고 느끼고 살아온 세상이, 현실보다 더 현실 같은 가상의 이미지로 만들어진 초현실이 아닐까? 나는 "나"로 살아오고 있었을까? 많은 생각이 드는 날이었다.

무슨 대단한 경험을 떠올려야 하는 것이 아니다. 꼭 남에게 드러내기 어려운 상처 같은 무거운 이야기를 떠올려야 하는 것도 아니다. 그저 일상을 뒤돌아보면서, 자신의 마음을 두드렸던 일을 찾아보는 것이다. 감동적인 일, 깨달았던 일이면 좋다. 그도 아니라면 자신에게 찾아왔던 어떤 작은 느낌, 인상적인 장면도 괜찮다. 길을 걸으며, 나무나 풀을 보면서, 하루하루 살아가는 중에 느꼈던 어떤 작은 장면을 잡아내면 된다.

위의 글처럼 내밀하고 섬세한 사색의 순간을 끌어내는 학생도 있지만 아래 글처럼 소박한 자기 일상을 꺼내 보는 학생도 있다.

강아지를 6학년 때부터 키우는데 내가 잘 안 놀아주고 밥도 내가 안 줬을 때는 강아지를 좋아하는데도 좀 귀찮고 처음 키우는 거라 적응도 안 되고, 사고 칠 때 밉기도 했다. 중학교 올라오고 여러 경험을 하면서 강아지가 너무 불쌍하고 좋다는 생각이 들어서 잘해주었다.

내가 놀아주고 산책하고 집 오면 소파에서 반겨주고 밥도 내가 주고 했더니 옛날에는 나보다 아빠 엄마한테 갔는데 이제는 나를 엄청 반겨준다. 이렇게 내가 먼저 다가가니 강아지도 다가오고 나는 점점 더 강아지가 좋아진다.

산문을 압축해서 시로!

머릿속에서 그려본 시의 흐름을 이제 종이 위에 형태를 갖추어 풀어놓을 차례다. 산문을 압축하여 시로 쓰는 것이다. 이때, 앞의 과정에서는 미처 고려하지 못했던 독자의 관점(주제)을 고려하게 한다. 주제의식을 염두에 두면서 산문을 시로 압축하는 게 이 단계의 핵심이다.

자신이 쓴 산문을 2~5행으로 압축하되, 구체적인 이미지나 비유를 통해 주제가 드러나도록 하면 된다. 앞에서 강아지에 관해 쓴 줄글을 어떻게 압축하여 시의 형태를 갖추었는지, 다음 두 개의 시작(詩作) 메모를 읽어보자.

강아지	강아지
우리집 강아지는 언제나 꼬리를 흔든다. 내 앞에서 꼬리 흔드는 강아지를 보면 저절로 미소가 지어진다.	우리집 강아지는 내가 집에 가면 꼬리를 흔든다. 안아달라고 점프를 한다. 얼마나 기다렸을까 너무 불쌍한 나를 반겨주는 우리집 강아지 오늘도 나는 강아지 보러 집에 일찍 들어간다.

위의 시작 메모는 장면화와 고쳐쓰기 과정을 거쳐 다음의 시로 완성되었다.

초코

집에 들어가면 어둡고
아무도 없던 우리집
초코 덕분에 생기가 생겼다.

산책 좋아하는 우리집 강아지 초코
산책 잘 못 시켜줘서

창 밖을 보고 있는 초코를 보면
너무 미안하다.

내가 꼭 성공해서
우리 마당 있는 집에서 살자
기다려 초코.

집에서 기다리는 초코를 위해
나는 오늘도 공부한다.
　　　　　　　　　　　　　　－ 이승민(학생)

또한 짧은 시를 쓰라고 하면 격언이나 경구를 흉내 내는 경우가 많기 때문에 이 부분에 대한 주의도 필요하다.

학습지를 제출할 때는 활동했던 순서와 반대로, 시를 쓴 학습지가 위에 올라오고 산문을 쓴 학습지가 밑으로 가게 묶어서 함께 제출하게 한다. 시 쓴 종이가 위로 올라오게 하는 이유는 교사가 검사하기 편하기 때문이다. 그리고 뒤에 산문까지 붙여서 제출하게 하는 이유는 시 고쳐쓰기에 대해 구체적으로 조언하려면 원래 글감이 무엇이었지, 그 글감에 대한 구체화 정도는 어느 정도인지 확인하는 게 필요하기 때문이다.

이렇게 해서 모인 '짧은 시'들은 교사와 학생 모두에게 생생한 교수·학습 자료가 된다. 교사는 학생들이 쓴 짧은 시를 통해, 학생들이 무엇을 시라고 생각하고 있는지 알게 되고, 시 쓰기를 제대로 가르치기 위해 어떤 학습 방법(교수 기술)을 보완해야 하는지 방향을 가늠할 수 있다.

학생들은 자기가 애써 쓴 시에 대한 맞춤형 조언을 받아볼 수 있고, 고쳐쓰기를 시도하면서 시다운 표현법이란 무엇인가에 대한 진지한 탐구를 경험한다. 이것은 창작교육의 본령인 일대일 교육, 개별화 교육의 기회로 작용한다.

학생들이 시에 대해 갖고 있는
두 가지 오해

학생들이 쓴 짧은 시를 통해 알 수 있었던, 학생들이 시에 대해 갖고 있는 가장 큰 오해는 이러했다. 우선, 죽 이어져 있는 산문을 적당히 줄을 바꿔서 내려 쓰면 시가 되는 것으로 오해하고 있었다. 또한, 말하고 싶은 내용을 직접 설명하듯 쓰면서도 그것을 시라고 생각하고 있었다. 이 두 가지 오해를 바로잡아 다음의 두 가지를 익히고 다음 단계로 넘어가야 한다.

첫째, 행과 연을 부릴 줄 알아야 한다.

죽 이어서 쓰다가 내용이 바뀌는 곳에서 줄을 바꿔 단락을 짓는 것이 산문이다. 시는 다르다. 시는 호흡에서 행 구분이 나온다. 시를 마음속으로 따라 읽을 때, 독자는 행이 바뀌는 곳에서 잠시 끊어 읽는 경험을 하게 된다. 거꾸로 말하면, 자기 시에서 끊어 읽게 하고 싶은 곳에서 줄을 바꿔 쓰는 것이 행이다. 행은 자기 시의 호흡의 단위인 것이다.

물론 어디서 끊어 읽을지는 정답이 따로 정해져 있지 않다. 수학처럼 공식으로 정리해서 알려줄 수도 없다. 어디에서 끊고 다음 행으로 넘어갈 것인가는 시 쓰는 사람의 마음의 호흡에서 결정되는 것이기 때문이다. 한 단어가 한 행이 될 수도 있고, 두 단어, 세 단어도 가능하다.

이 설명을 자기 시에 적용하는 것을 어려워하는 학생들이 있다. 그럴 때는 '짧은 시 필사하기' 학습지에 모아둔 시를 여러 번 읽어보면서 그 시의 행 구분을 참고하라고 안내한다. 그러면 어려워하던 학생들도 곧잘 해낸다. 그리고 연은 시에서 한 줄 띄는 단위로서 산문에서 문단을 바꾸는 것과 유사하므로, 내용이 바뀔 때 띄어 쓰면 된다고 일러준다.

둘째, 직접 설명하여 서술하는 대신 장면화할 수 있어야 한다. 이것을 문학 용어로 '형상화'라 한다. 다음 두 시를 보자.

엄마의 런닝구[*]

작은 누나가 엄마보고
엄마 런닝구 다 떨어졌다.
한 개 사라 한다.
엄마는 옷 입으마 안 보인다고
떨어졌는 걸 그대로 입는다.

런닝구 구멍이 콩만 하게
뚫어져 있는 줄 알았는데
대지비만 하게 뚫어져 있다.
아버지는 그걸 보고
런닝구를 쭉 쭉 쨌다.

엄마는
와 이카노.
너무 째마 걸레도 못 한다 한다.
엄마는 새걸로 갈아 입고
째진 런닝구를 보시더니

---

*   전국국어교사모임 엮음,《국어 시간에 시 읽기 1》, 휴머니스트, 2020 개정판.

두 번 더 입을 수 있을 낀데 한다.

– 배한권(학생)

엄마의 사진첩

엄마도 그랬다
누군가의 귀한 딸이었고
친구들과 어울릴 줄 아는
꿈 많은 소녀였다

오늘 알았다
엄마도 나와 같았다는 것을
처음부터 엄마가 아니었다는 것을

– 학생 시

두 시는 주제가 비슷하다. 모두 가족을 위해 희생하는 어머니의 모습, 그것을 보는 자식의 안타까운 마음을 담았다. 그런데 인상이 강렬하게 남는 것은 앞의 시다. 왜 그럴까? 바로 장면화의 힘이다. 말하려는 내용을 〈엄마의 사진첩〉이 직접적으로 서술해 드러냈다면, 〈엄마의 런닝구〉는 말하려는 내용을 대신 그려낼 수 있는 장면을 선택해 형상화했다.

인물을 그리더라도 생생하게 살아 움직이는 현실 속의 인물을 보는 느낌으로 그리게 한다. 그 인물을 마치 옆에서 보는 것처럼 환하게 떠오르게 할 때, 구체적으로 쓸 때 장면화에 성공할 수 있다.

본격 시 쓰기

글감 찾기, 시 줄거리 쓰기, 시 완성하기

짧은 시를 써보면서 시다운 표현법이 무엇인지 깊이 고민해보았다. 길다고 좋은 것도 아니고, 단 몇 줄이라도 대상의 특징을 얼마나 선명하게 잡아냈느냐가 시에서는 중요함을 알았을 것이다. 이제 본격적으로 시를 써보자.

시로 쓸 글감은 다양한 곳에서 가져올 수 있지만, 일단 학생들이 쉽게 마음을 기울이고 관찰할 수 있는 대상은 가족, 친구 등이기에 이것을 소재로 했다.

본격 시 쓰기에 앞서 이번에도 '쓰기 위한 읽기'를 먼저 진행한다. 즉 가까운 사람을 소재로 한 시를 골라 읽고 마음에 드는 시를 필사해두는 것이다. 외울 수 있는 만큼 암송하여 나만의 시 창작 곳간을 채워둔다.

이 단계를 거치면서 자연스럽게 학생들은 마음 안에서 여러 감정이 활성화되는 경험을 한다. 어머니, 아버지, 언니, 오빠, 형, 누나, 동생, 친구, 아끼는 반려동물 등 자신 주변에 있는 이들을 떠올리며 그들에 대한 다양한 기억과 감정을 돌아보게 된다.

필사와 암송을 끝내고 수업을 마치기 전에 "시를 읽는 동안 자신은 누구에 관한 시를 쓰고 싶은지 끌리는 사람"을 물어 답을 학습지에 적어두게 한다. 감정이 활성화되었을 때 이를 붙잡아 두면 다음 시간에 글감에 대한 구체적인 내용을 떠올릴 때 주의를 한곳에 모을 수 있다.

글감 찾기 - 원형정리법

이제 무엇을 시로 쓸지 글감을 정하고 내용을 생성할 차례다. 시로 쓰고 싶은 내용을 떠올리기 위해 '원형정리법'을 활용해보았다. 원형정리법이란, "자유롭게 자신의 생각과 느낌을 떠올리며 이를 원 둘레에 메모하며 방사선 형태로 펼쳐 나가는 특별한 메모식 정리 방법"[*]이다.

우선 원 안에 시로 쓰기로 정한 사람을 적고, 그 사람의 모습, 그와 함께 겪은 일을 떠올려 본다. 떠오르는 것이 있을 때마다

---

[*]   허병두, 《허병두의 즐거운 글쓰기 교실 3》, 문학과지성사, 2012.

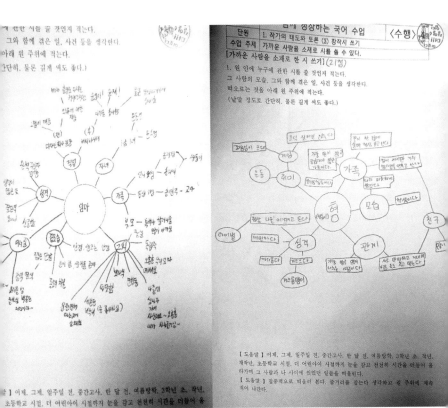

'글감에 대해 발상하기' 활동 사례

놓치지 않도록 낱말 정도로 간단히 원 주위에 적어 나간다. 어
느 정도 생각이 모이면 1차에서 2차로, 다시 3차로 가지를 종이
의 바깥으로 뻗어가며 점차 내용을 구체화해 나간다.

위 사진의 활동 사례를 보면 학생들이 글감(시의 중심 소재)에 대한 생각을 어떻게 구체화·심화해가는지 확인할 수 있다.

원형정리법은 한마디로 말해 편안한 형식의 발상 메모지다. 그런데 이렇게 편안한 메모지 앞에서도 전혀 생각을 이끌어내지 못하는 학생들이 있다. 그럴 때는, 시로 표현하려는 대상에 대해 구체적인 장면과 기억을 모을 수 있도록 고안된 질문지를 만들어 나눠주는 것도 도움이 된다.

사고의 발산을 어려워하는 학생들을 위한 추가 질문[*]

✦ 친구에 대한 시를 쓰고 있다면(선생님 등 주변 인물로도 응용할 수 있음)

- 가장 친한 친구는 누구인가요? 얼굴도 떠올려 봅니다.

- 그 친구는 어떤 특징이 있나요?

- 그 친구의 목소리는 어떤가요? 어떤 느낌을 주나요?

- 어떤 사건으로 친하게 됐나요?

- 그 친구를 보면 어떤 생각이나 느낌이 드나요? 그 이유는 뭔가요?

- 그 친구와 관련된 가장 기억에 남는 사건은 뭔가요?

- 그 친구는 나의 삶에 어떤 영향을 미쳤나요?

- 그 친구가 없었다면 어떻게 됐을까요?

- 여러분이 생각하는 좋은 친구란 무엇인가요?

---

[*] 이강휘, 《에고, Ego! 시 쓰기 프로젝트》, 이담북스, 2018.

- 여러분은 친구들에게 어떤 친구일까요?

- 여러분은 친구들에게 어떤 친구이고 싶나요?

- 학창 시절 친구는 왜 중요할까요?

- 여러분이 생각하는 우정이란 무엇인가요?

부모나 형제에 대한 시를 쓰고 있다면

- 아버지는 어떤 분이지요? 무엇에 비유할 수 있을까요?

- 어머니는 어떤 분이지요? 무엇에 비유할 수 있을까요?

- 가장 기억에 남는 부모님의 표정이나 목소리가 있나요? 어떤 상황이었나요?

- 오빠나 언니(혹은 형이나 누나), 동생은 나에게 어떤 사람인가요? 무엇에 비유할 수 있을까요?

- 집에 들어서면 가장 먼저 보는 건 무엇(혹은 누구)인가요? 어떤 느낌이 드나요?

- 집안의 분위기는 어떤 색이라고 할 수 있을까요? 왜 그런 색이죠?

- 토요일 아침 일어났을 때, 집에서는 어떤 냄새가 나요? 그걸 표현해보세요.

- 가족들에게 나는 어떤 사람일까요? 어떤 사람(딸/아들, 언니/누나, 오빠/형, 동생)이 되고 싶나요?

- 가족과 관련된 경험 중 가장 기억에 남는 것 하나만 소개해주세요.

- 여러분에게 가족은 어떤 존재입니까?

질문을 하나하나 소리 내어 읽어가면서, 원형정리 학습지에 해당 내용을 메모했다면 그 질문은 ×표를 하고, 아직 답하지 않은 질문은 ○표를 한다. 그리고 ○표를 한 질문에 대한 답을 원형정리 학습지에 추가해 적어 나가는 것이다. 원형정리 학습지를 쉽게 채우지 못하는 학생들은 대개 사고와 표현이 빈곤한 경우이기 때문에, 알아듣기 쉽게 단계적이고 분명한 활동 지시를 하는 게 도움이 된다.

이런 질문지를 학생들에게 제공해주는 시기도 중요한데, 아쉽고 답답할 때 추가 정보를 제시해줘야 반갑게 집중하며 달려든다. 미리 준비해서 먼저 나눠주면 대개 학생들은 주의 깊게 살펴보지 않는다.

시의 줄거리를 줄글로 쓰고 시로 완성하기

글감에 대한 내용을 어느 정도 수집했으면 시의 흐름을 구상하기 위해 먼저 산문으로 풀어 써본다. '짧은 시 쓰기' 때와 마찬가지로 내용이 물 흐르듯 자연스럽게 이어지도록 시의 줄거리를 편하게 써 내려가는 것이다. 연과 행에 대한 구분은 신경 쓰지 않고, 친구에게 이야기하듯 편안하게 쓸 수 있도록 격려한다.

짧은 시보다는 분량이 좀 있는 본격 시 쓰기를 유도하기 위해 20줄 정도 쓸 것을 권유한다. 물론 산문을 충실히 썼다고 해서 그것이 반드시 좋은 시를 보장하는 것은 아니기에, 어느 정도 시를 쓸 수 있겠다는 자신감이 들면 그만 써도 된다고 하면서 분량에 대한 부담감을 내려놓게 허용해주는 것도 좋다.

20줄 정도 썼으면 자신이 쓴 글을 다시 한 번 읽어보고 독자에 대한 고민을 하게 한다. 주제의식, 즉 '이 시를 읽을 사람이 무엇을 느꼈으면 좋겠다' 하는 자신의 의도를 정리해보는 것이다. 자신이 잡은 글감을 구체화하고 여기에 살을 붙이느라 온 신경을 쏟았던 학생들이, 이제는 독자의 입장을 고민하면서 자신의 글이 어떤 가치를 지녀야 할지 고민하게 된다.

다음 사례들을 살펴보자.

엄마는 내가 5~6살 때부터 일을 하셨다. 엄마가 새벽에 나가시면 나는 그 모습을 보면서 엄마가 나간 현관문 앞에 앉아 아주 서럽게 울었다. 그때는 마냥 엄마가 보고 싶었다. 지금 현재도 우리 엄마는 일을 하고 계신다. 지금 생각해보면 내가 그때 현관문에서 울었을 때 엄마는 어떤 기분이었을까 싶다. 엄마도 눈물이 났을까? 엄마도 힘들었을까? 엄마가 일을 가고 내가 울 때 나를 달래주시던 외할머니는 어떤 기분이었을까? 가끔씩 생각이 든다. 내 어렸을 때를 생각하면 괜히 마음 한쪽이 뭉클해진다.

현관문 앞에서 울던 아이가 벌써 이렇게 몸도 마음도 커버렸네라는 생각이 든다. 나는 엄마가 일을 하고 오신 모습을 보면, 엄마의 얼굴을 보면, 힘들지만 애써 티 안 내는 우리 엄마를 보면 마음이 속상해진다. 우리 엄마는 무섭기도 하고, 착하기도 하다. 우리 엄마는 원석 같은 분이시다. 왜냐하면 우리 엄마의 마음은 원석처럼 강하고 딱딱한 마음 같지만 그 안을 보면 정말 착하고 순수한 마음이시다. 나는 꼭 성공해서 고생하는 우리 엄마에게 꼭 보답할 것이다. 꼭 편하게 해드릴 거다.

기도

나는 매일 밤
기도를 한다

침대에 앉아
간절히 말한다

내가 다섯 살 때부터
일을 하신 우리 엄마

힘들지 않게 해 주세요

새벽마다 항상

일을 나가신 우리 엄마

행복하게 살게 해 주세요

아멘

– 최재완(학생)

웃음을 짓는 데에는 여러 가지 이유가 있다. 특정 장소에 있을 때 편안함의 미소, 불편함의 억지 미소, 누군가와 있을 때 가족과의 따뜻함의 미소, 친구들과의 즐거움의 미소, 자신이 좋아하는 명화나 만화를 볼 때의 미소, 어이없어서 허무함을 느낄 때의 미소, 좋아하는 사람에 대한 애정의 미소, 부모가 자식에게 대한 모성애의 미소. 그리고 수도 없이 많은 이유의 미소가 있다.

정말 친한 친구지만 이성 친구인 이 친구를 보면 즐겁고 웃음을 짓는데 이게 우정의 미소인지 애정의 미소인지 잘 모르겠다. (이 친구를 A라고 쓰겠다.) A와 중학교 1학년 때 만났고 학기 초부터 친해졌다. 같은 취미로 영화 보기와 만화를 즐겨 보며, 정말 잘 맞았다. 방학 때는 하루 종일 만나서 게임도 하고 대화만 해도 즐겁다. 그래도 나는 아직 누군가를 좋아해본 적이 없어서, 좋은 친구라서 이런 건지 아니면 이성적으로 좋아하는 건지 잘 모르겠다.

연심

엉켜 있는 긴 머리
살짝 때가 탄 운동화
실밥이 나온 교복 치마를 입고
미소를 짓는다.

같은 영화를 볼 때
같은 만화를 볼 때
언제나 눈을 맞춰 오던
여러 가지 미소

쭉 뻗은 짧은 머리
다 해진 체육복 소매
둥그런 안경을 쓰고
나도 따라 씩 웃는다
– 이준호(학생)

한눈에 보는
시 창작 수업

1단계 짧은 시 감상

수업 주제	짧은 시를 감상하면서 시적 표현 방법을 익힌다.

1. 시집에서 짧은 시를 찾아 책장 귀퉁이를 접어둔다.

2. 접어둔 시를 모두 읽고 아래처럼 제목과 시인 이름을 적는다. (15편)

추억(이원진-학생)	

3. 읽어본 시 중 마음에 드는 시를 골라 아래에 옮겨 쓴다. (5편)

4. 그중 한 편은 외워서 짝에게 검사를 받는다.

암송자 이름	검사자 사인

2단계 짧은 시 쓰기

수업 주제	시적 표현 방법을 익혀 짧은 시를 쓴다.

1. 자신에게 있었던 감동적인 일(깨달았던 일, 어떤 작은 느낌, 인상적인 장면도 괜찮다)을 떠올린다.

- 어제, 그제, 일주일 전, 중간고사, 한 달 전, 여름방학, 3학년 초, 작년, 재작년, 초등학교 시절, 더 어린아이 시절까지 눈을 감고 천천히 시간을 더듬어 올라가며 자신에게 일어난 일을 떠올린다.
- 나무나 풀을 보면서, 길을 걸으며 본 모습 중 기억에 남는 이미지나
- 하루하루 살아가던 중에 문득 깨달았던 생각 등을 떠올리는 것이다.

2. 방금 떠올린 일을 친구에게 자세히 설명하듯 써본다. (15줄 정도)

3. 앞에 쓴 글의 주제(내 글을 읽는 사람이 무엇을 느꼈으면 좋겠다, 하는 나의 의도)가 구체적인 이미지나 비유를 통해 드러나도록 2~5행으로 압축한다.
※주의: 급훈·교훈 흉내 금지

3단계-1 가까운 사람을 소재로 한 시 감상

수업 주제	가까운 사람을 소재로 한 시를 감상하면서 시적 발상을 익힌다.

1. 시집에서 부모(또는 형제, 선생님, 친구 등 가까운 사람)를 소재로 쓴 시를 찾아 책장 귀퉁이를 접어둔다.

2. 접어둔 시를 모두 읽고 아래에 제목과 시인 이름을 적는다. (13편)

늦게 온 소포(고두현)	

3. 읽어본 시 중 마음에 드는 시를 골라 아래에 옮겨 쓴다. (5편)

4. 시를 외워서, 외운 편 수만큼 짝에게 검사를 받는다. (5연 이상 시는 시 한 편당 두 편 암송으로 인정)

암송자 이름	검사자 사인

5. 시를 읽는 동안 자신은 누구에 관해 시를 쓰고 싶은지 끌리는 사람을 정해 아래에 적어둔다.

3단계-2 가까운 사람을 소재로 한 시 쓰기

수업 주제	가까운 사람을 소재로 시를 쓸 수 있다.

1. 원 안에 누구에 관한 시를 쓸 것인지 적는다.

그 사람의 모습, 그와 함께 겪은 일, 사건 등을 생각한다.

떠오르는 것을 아래 원 주위에 적는다.

(낱말 정도로 간단히, 물론 길게 써도 좋다)

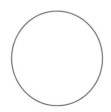

- 어제, 그제, 일주일 전, 중간고사, 한 달 전, 여름방학, 3학년 초, 작년, 재작년, 초등학교 시절, 더 어린아이 시절까지 눈을 감고 천천히 시간을 더듬어 올라가며 그 사람과 나 사이에 있었던 일을 떠올린다.
- 집중적으로 떠올려 본다. 줄거리를 잡는다 생각하고 원 주위에 계속 적어 나간다.

시를 시답게 만드는 비결, 고쳐쓰기

사례별 지도 포인트

시 창작 수업을 마무리하기에 앞서 고쳐쓰기 수업을 본격적으로 진행해보는 것은 학생들의 글쓰기 능력 향상에 큰 도움이 된다. 글쓰기 능력이 비약적으로 향상하는 때는 자신이 쓴 글에 대해 적절한 조언을 얻어, 현재의 글쓰기 수준을 넘어보려고 고민하는 바로 그 순간이기 때문이다. 본격 시 쓰기를 한 뒤 제출 전에 고쳐쓰기의 기회를 준다고 하면서 다음과 같이 동기를 부여한다.

"어떻게 해야 시를 시답게 쓸 수 있을까?"
"길이만 짧다고 시는 아니다. 문장을 짧게 끊어 줄만 계속 내려 썼다고 시가 되는 것은 아니다."

"어떻게 해야 내 시가 시다워질 수 있을까?"

이렇게 질문을 던진 다음 시다운 것이 무엇인지 그 요건을 함께 살펴본다.

우선, 자신이 말하고 싶은 내용을 대신 드러내줄 수 있는 장면을 고르고 그 장면을 그려 보이듯 쓰는 게 좋다. 시는 함축성이 생명이다. 많은 이야기를 숨겨서 표현하는 방식으로, 자신에게 절실하게 다가오는 것을 잡아 토해내듯이 쓰는 글이 시다. 그런데 학생들의 시를 읽어보면 산문적 상태에 머물러 있는 작품이 많다. 압축해 표현하지 않고 자세하게 풀어쓰듯 서술하면 시다운 느낌이 살아나질 않는다. 말하고 싶은 내용을 직접적으로 설명하듯 쓰면 시다운 형상화가 어려워진다. 이를 위해서는 지금 그 일이 내 옆에서 일어나고 있는 것처럼, 구체적이고 생생한 모습으로 상세히 그 일을 떠올려서 쓰는 기술이 필요하다. 대화가 있다면 말투를 그대로 살리는 것도 도움이 된다.

둘째, 문장이 간결해야 한다. '-은, -는, -이, -가' 등의 조사와 '-다, -요' 등의 종결 어미만 줄여도 문장이 간결해진다.

셋째, 행과 연의 구분을 명확히 하는 것이 중요하다. 행과 연을 잘 부려야 시다운 느낌을 낼 수 있다. 짧게 두세 단어 쓰고 끊어서 줄을 바꿔 써 시 모양을 냈다고 시가 아닌 것이다. 이를 위해 자신이 쓴 시를 소리 내어 여러 번 읽어보고, 읽을 때의 호흡을 생각해서 적절히 행을 구분한다. 또한 전달하고 싶은 중심 내용이 바뀔 때 연을 구분한다.

넷째, 참신한 비유를 시도해보는 것도 좋다. 어떤 대상을 다른 대상에 빗대어 표현하는 것이 비유다. 이를 구체적으로 알고 싶다면 자신이 마음에 들어서 필사했던 시들 중에서 비유를 찾아 동그라미 표시를 해보면 도움이 된다. 그러고 나서 자신의 시에 그와 같은 비유를 넣는다면 어디에 넣을 수 있을까, 궁리해본다.

다섯째, 운율을 살릴 수 있다면 시도해보는 것도 좋다. 같은 말이나 구절을 반복하면 리듬이 느껴진다. 적절하게 반복적인 단어나 구절을 사용하여, 시를 읽을 때 느껴지는 말의 가락이 살아나게 하면 좋다. 다만 이렇게 변화를 주었더니 동시처럼 유치하게 느껴지면 차라리 운율을 포기하는 것이 좋다.

여섯째, 제목은 자기 시의 간판임을 명심한다. 독자가 내 시의 제목을 보고 흥미를 느낄지 어떨지에 대해 전혀 고민하지 않은 상태에서, 아마추어적인 제목을 달아놓고 시를 쓰기 시작하는 학생들이 많다. 영화감독이 몇 년간 촬영한 영화를 개봉할 때 개봉 직전까지 영화 제목을 고민하는 마음으로, 가수가 음원을 내기 직전까지 자기 노래 제목을 연구하는 마음으로 제목을 고민하라는 것이다. 구체적으로 팁을 얻고 싶다면 학습지에 적어두었던 시들의 제목을 참고하면 좋겠다.

이와 같은 고쳐쓰기 안내를 학습지 한 장으로 만들어 그 내용을 소리 내어 읽게 한다. 만약 자기 시를 고친다면 몇 번 항목에 해당하는지 번호를 시 옆에 쓰라고 한다. 고쳐쓰는 동안 시간을 정해두고 교실의 이 끝부터 저 끝까지 지나가면서 개별 지도를 해주겠다고 동선을 예고하면서, 고쳐쓰기에 관한 질문권을 쓸 수 있다고 말해준다. 그러면 학생들이 부를 때마다 이리저리 옮겨 다니면서 지도하는 것보다 훨씬 효과적으로 시간을 사용할 수 있다.

이때 절대로 자기의 원래 시를 지우지 말라고 주의를 준다. 이상한 점이 발견되어도 그 시를 얻어내기까지 자신의 노력을 존중하라, 고친다고 지우면 원래의 글은 날아가 버린다, 고쳐쓴 과정이 보이고 흔적이 남도록 바로 옆에다가 다시 써보라고 지도한다. 초보자의 경우 초안보다 못한 수정안을 만들어놓는 경우가 많다. 무엇을 고칠지는 알겠는데 어떻게 고칠지 모르기 때문이다. 초안과 수정안이 함께 적혀 있으면 초보 창작자의 의도와 막혀 있는 지점이 어디인지가 한눈에 보이기 때문에 고쳐쓰기 조언을 해주기가 한결 쉬워진다.

학생들의 고쳐쓰기 사례를 유형별로 살펴보면서 고쳐쓰기 지도법에 대해 구체적인 인상을 얻어보자.

간결하게 고쳐쓰기

그는 내 친구다	**그는 내 친구다**
내가 길을 걸어간다.	길을 걸어간다.
한 남자가 내 옆에서 같이 걸어간다.	한 남자가 옆에서 같이 걸어간다.
그는 내 스승이 되어 주었고	그는 내 스승이었고
그는 내 가족이 되어 주었고	그는 내 가족이었고
그는 내 수호자가 되어 주었고	그는 내 경쟁자였고
그는 내 인도자가 되어 주었고	그는 내 목표였고
그는 내 경쟁자였고	그는 내 일부였다.
그는 내 목표였고	
그는 내 존경이었고	그는 내 친구다.
그는 내 일부였다.	
그는 내 친구다.	

행과 연을 구분하여 고쳐쓰기

바늘

사람은 누구나 바늘을 가지고 있다.
누군가는 바늘을 아프게 하는 데 사용하고
누군가는 바늘을 상처 난 곳을 꿰매는 데 사용한다.
누군가는 다른 사람을 위해 옷을 만드는 데 사용한다.

바늘

누구나 특별한 바늘을 가지고 있다.
언제나 바늘을 사용한다.
바늘로 마음을 찌르거나
바늘로 마음을 꿰매거나

바늘에는 힘이 있다.
조심해야 하는 바늘이다.

산문적 상태의 시를 함축성 있게 고쳐쓰기

현관문	기도
내가 다섯 살 때부터 일을 하신 우리 엄마	나는 매일 밤 기도를 한다
엄마가 나간 현관문 앞에서 주저앉아 아주 서럽게 울던 나	침대에 앉아 간절히 말한다
	엄마 힘들지 않게 해주세요
서럽게 울던 나를 바라보며 일을 나간 엄마는 어떤 기분일까	엄마 행복하게 살게 해주세요
우는 나를 달래주던 외할머니는 어떤 기분일까	아멘
	※이 학생의 시는 함축성 있게 고쳐쓰 는 과정에서 제목까지 바뀐 사례다.

그려내듯 장면화하여 고쳐쓰기

시계	시계
시계는 한 번도 쉬지 않는다.	시계는 한 번도 쉬지 않는다
낮과 밤, 주말과 평일 한 번도 쉬지 않는다.	낮과 밤 주말과 평일 한 번도 쉬지 않는다
1부터 12까지 빠짐없이 자신의 일을 성실히 한다.	배터리가 다 닳아가도 힘들다는 말 않고 묵묵히 움직인다
배터리가 다 닳아가도 힘들다는 말 않고 묵묵히 움직인다.	엄마는 시계 같다
별들이 눈을 감은 지 오래 나도 따라 눈을 감고 소리를 듣는다.	
선명한, 다만 지친 기색 역력한 째깍째깍 바늘 소리 또각또각 구두 소리 내려놓는 한숨 소리	
엄마는 시계 같다.	

이렇게 고쳐쓰기 방법을 지도하고 시간을 마련해주면, 자기 시의 완성도를 높이기 위해 끙끙대면서 동시에 교사의 적절한 조언을 얻기 위해 노력하는 모습을 볼 수 있다. 아직 자기 시를 다 쓰지 못한 학생도 많기 때문에 질문이 그렇게까지 한꺼번에 몰리지는 않는다.

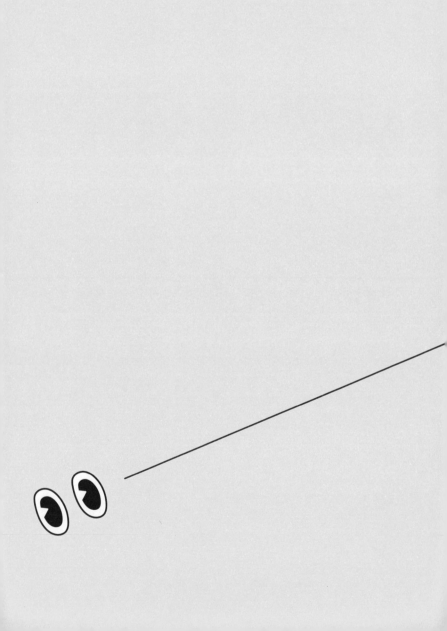

소셜수업

수학

성장 소설로

가볍게!

소설의
첫 경험

왜 성장 소설인가?

'또 다른 나'의 이야기

교과서에 실린 소설이 아무리 좋은 소설이라도, 읽기 능력이 천차만별이고 살아온 경험의 폭이나 색이 각기 다른 학생들을 모두 만족시키기는 어려운 법이다. 특히 교과서에는 대개 문학사적으로 그 가치를 인정받은 작품이 실려 있는데, 그러다 보니 일제강점기 시대의 작품이거나 현대와 가깝다고 해도 1990년대 이후의 작품을 싣는 경우가 드물다. 간혹 동시대의 청소년을 주인공으로 한 소설을 교과서에 싣는 경우도 있긴 하나 여전히 파격에 머무는 빈도이다.

그러다 보니 학생들에게 교과서를 펼쳐놓고 작품을 읽을 시간을 줘도 3분의 1 정도의 학생만 작품과 능동적으로 상호작용하며 읽을 뿐, 3분의 1은 사건 전개 위주로 엉성하게 따라가며 읽는 선에서 그치고, 나머지 3분의 1은 끝까지 읽으려고도 하지 않고 책상 위에 얼굴을 파묻기 일쑤다. 읽어보지도 않은 소설을 어떻게 감상하나?

결국 소설 구조상 중요한 부분이나 의미 해독이 어려운 문장 위주로 교사가 짚어가며 해설해주는 식으로 이야기 내용을 알려주고, 작품 뒤에 실린 교과서 문제를 풀면서 주제와 특징을 정리하는 식으로 수업을 마치게 마련이다.

사람은 누구나 이야기 속에서 살아간다. 청소년들 역시 드라마나 영화, 웹소설, 팬픽 등 꾸준히 즐기는 자신들만의 이야기가 있다. 이야기는 결국 인간이 저마다의 시선으로 세계를 인식하는 흥미로운 틀인 것이다. 이야기에 대한 이런 자연스러운 관심을 활용하면서, 서사의 연쇄를 단지 표피적으로 따라가는 재미를 뛰어넘는 본격 감상 수업은 어떻게 해야 가능할까?

학교에서 소설 수업을 하는 목적은 이야기 속 주인공의 삶에 자신의 삶을 투영하며 반성적으로 사유해보고, 다양한 인물에 감정을 이입해봄으로써 세상을 바라보던 자기 위주의 좁은 시야를 탈피하는 데 있다. 그저 일상적으로 감지하던 수준을 넘어, 세계가 어떤 질서로 이루어져 있는지 느끼고 사유하는 기회를 갖는 것은, 새로운 소설을 앞에 두고 학생들을 떠올릴 때 교사의 가슴을 두근거리게 하는 상상이기도 하다.

이런 소설 수업의 첫 단추를 청소년 성장 소설에서 찾아 꿸 수 있다. 청소년 성장 소설이란 "유년기에서 소년기를 거쳐 성인의 세계로 입문하는 한 인물이 겪는 내면적 갈등과 정신적 성장, 자신을 둘러싸고 있는 세계에 대한 각성 과정을 주로 담고 있는 작품"*(한용환)이다.

성장 소설은 우선, 학생들이 자신을 투영해 읽기에 좋다. 미래에 무엇이 될 수 있을까 불안하고, 학교에 가면 쏟아지는 학습 과제와 인간관계, 그 과정에서 재미와 불안, 설렘과 혼돈 사이를 매일 흔들리며 오르내리는 청소년에게 제 또래가 삶을 풀어 나가는 이야기는 흥미롭다. 더구나 청소년 독자의 읽기 능력을 고려해 문장이나 사건 전개, 갈등 구조 등이 비교적 단순하기에 흐름을 놓치지 않고 따라가기도 좋다.

이런 성장 소설로 수업시간에 성공적인 독서 경험을 하고 나면, 더 어려운 소설로 나아가는 발판도 마련된다. '평소 읽던 것보다 꽤 진지한 이런 소설도 내가 재밌게 읽을 수 있구나!' 하고 느끼게 한 후, 자연스럽게 문학사적으로 가치가 검증된 작품이나 교과서에 실린 작품들로 이행하게 하는 것이다.

---

*   김미경·이수정·지현남,《십대 마음, 10대 공감》, 찰리북, 2011에서 재인용.

별처럼 수많은 이야기 중에서
그대를 만나

어떤 작품을 고를까?

성장 소설로 소설 수업을 열고자 할 때 학생들의 개인차를 충분히 고려하는 게 중요하다. 학생의 독서 경험과 습관, 배경지식과 독해 능력, 취향과 관심 분야를 다양하게 떠올려 보는 것이다.

자기 특성에 맞는 책을 스스로 선택해서 읽는 것, 그것은 책을 끝까지 읽게 하는 가장 강력한 동인이 된다. 그리고 이는 성공적인 독서 경험을 할 확률을 높여준다. 학교 수업에서 이러한 긍정적인 독서 경험을 차곡차곡 쌓은 학생들은 대학에 가거나 성인이 되어 필요한 책을 스스로 찾아 읽는 평생 독자로 나아갈 수 있다.

고등학생의 경우 아직 진로를 정확히 정하시 못했다뿐 관심 분야가 어느 정도는 형성된 나이라, 책을 권할 때 개인의 관심 분야별로 고를 수 있게 배치하면 호응도가 높다. 소설 전개의 주요 배경이 되는 분야별로 도서 목록을 제시하여(자료6 참고), 자신의 관심 분야에서 고를 수 있게 해주면 진로에 도움이 된다는 느낌을 받아 소설 읽기를 한층 유익하게 느낀다.

추천도서 목록을 소개할 때는 교사가 한 질 정도 책을 구비하여, 학생들에게 직접 보여주며 선택 및 구입에 충분히 활용할 수 있게 하면 효과 만점이다. 소설 작품의 특성을 이해하고, 타인에 대한 공감과 사회에 대한 관찰력을 기르는 수업을 할 예정이라고 수업의 의의도 설명한다. 또 책을 읽고 나서 친구들과 독서 토의도 하면서 사고력과 표현력을 확장하는 시간도 갖겠다고 하면 차츰 학생들의 마음이 움직인다.

도서 구입을 원하지 않는 학생의 경우 공공도서관에서 대출해 3주 정도 지니고 다니면서 읽을 수 있도록 문을 열어둔다. 책 읽기 수업은 본인이 충분히 관심을 기울여, 읽고 싶은 책을 스스로 선택해 준비해오는 게 성패를 좌우하기 때문에 그 점을 계속 강조하고, 자신에게 맞는 책을 고르는 법도 구체적으로 알려주는 게 필요하다.

책을 선택하기 전에 반드시 차례와 서문을 먼저 읽어보고 결정할 것, 그러려면 큰 서점에 나가서 직접 살펴보거나 인터넷 서점에 들어가 '미리보기' 기능을 활용해 책 내용을 미리 살펴볼 것 등을 알려주는 것이다. 동네 서점을 이용하려면 전화로 책을 미리 주문해놓고 가야 헛걸음을 하지 않는다는 점, 또 공공도서관에서 대출할 경우 도서관에 원하는 책이 없다고 그냥 돌아오지 말고 '상호대차'를 신청하면 지역 내 타 도서관에서 책을 가져다준다는 점도 알려준다.

참고서나 문제집 외의 책을 학생들이 손수 고르고 사본 경험은 극히 적기 때문에 이러한 상세한 안내는 좋은 문화적 자산이 된다. 또한 추천도서 목록을 나눠줄 때는 별 표시 등으로 읽기 수준에 대한 정보도 제공하는 게 좋다. 그러면 수준에 안 맞는 책을 선택했을 때 겪게 될 독서 과정의 어려움도 줄여줄 수 있다.

학생들이 자기 책을 준비하는 데 10일 정도의 기간을 예상하는 게 좋은데, 교사의 안내에 충실히 따르는 학생도 있지만 다른 학생들이 준비하는 것을 보고 난 후에야 엉거주춤 뒤따르며 책을 준비하는 학생들도 있기 때문이다. 이들 사이의 시간 차이를 충분히 염두에 두어야 이후 수업 진행에 무리가 없다. 책이 모두 준비되면 읽을 시간을 수업시간에 4차시 이상 주도록 한다. 책 읽을 시간을 수업시간 내에 주지 않으면 아무리 좋은 독서 수업도 학생들에게는 부담으로 돌아간다.

수업시간에는 학생들이 책 읽는 모습을 관찰하면서, 그들이 좀 더 긍정적인 독서 경험을 할 수 있도록 돕는 것이 좋다. 교실을 돌아보면서 자신의 읽기 수준이나 취향에 맞지 않는 책을 선택해 어려움을 겪는 학생이 있으면 돌보아준다. 자주 엎드리거나, 시간이 흘러도 책장 넘어가는 속도가 너무 느리다면 수업 중에 간단한 면담을 하여 맞는 책을 찾아 교사의 책으로 교환해주는 것이다. 이런 식으로 학생들이 책을 읽는 동안 교사가 그들의 구체적인 독서 과정을 도와주는 것은 놓치기 아까운 수업의 과정이기도 하다.

읽기 속도가 빠른 학생에게는 다 읽은 책을 교사의 책과 교환해주면, 교실 안에서 책이 계속 순환된다. 문학사적으로 의미가 있는 본격 장편소설도 목록에 포함해서, 독해 수준이 높은 학생들을 위한 '도전 과제'처럼 제시해주는 것도 좋다. 성장 소설 한 권 읽는 데서 머무르지 않고, 이를 소설 감상 능력을 높이는 기회로 활용하게 돕는 것이다. 이렇게 하면 학생들이 한 권 이상 책을 읽을 기회를 줄 수 있고, 읽는 속도가 느린 학생들도 끝까지 한 권을 다 읽을 수 있도록 시간을 확보해줄 수 있다. 이때도 교사가 구비해둔 소설책이 요긴하게 쓰인다.

중학교 수업의 경우라면 이 시기 청소년의 사춘기적 갈등을 해소하는 데 초점을 맞추면 좋다. 자신만 이런 고민을 하는 게 아니라는 정서적 동질감과 거기에서 비롯되는 안도감, 그리고 등장인물 각각의 다양한 처지에 감정이입하는 경험도 선물할 수 있다. 자신 위주로 경험과 관계를 해석하던 평소의 시각에서 벗어나 자연스럽게 타인의 입장에 대한 이해를 넓히는 정서적 경험도 제공할 수 있게 된다.

　이를 위해 청소년 시기의 주요한 심리적 갈등을 분류 기준으로 해 책을 선별한, 심리 상황별 성장 소설 목록을 활용해볼 수 있다. 예를 들어《십대 마음, 10대 공감》(김미경·이수정·지현남, 찰리북, 2011)에 제시된 청소년의 주요 심리 갈등, 즉 몸, 마음, 동경 등 10가지 주제 가운데 가장 끌리는 것을 골라 그 옆에 체크 표시를 해보라 하고, 고른 주제 중에서 자기에게 맞을 것 같은 책을 선택하게 한다(자료6 참고).

성장 소설
추천도서

고등학교

소설을 과학, 사회 문제, 인간관계의 세 분야로 분류해 소개한다. 또한 16~17세에게 가독성 높은 책을 추천하되, 그보다 조금 어려운 책은 ★을 1~2개 표시했다. 책을 고를 때 자신의 관심 분야와 읽기 수준을 고려하면 좋다. (분야 내 가나다 순)

과학

《구달》(최영희, 문학동네, 2017)
인간에게 바이러스를 주입해 실험하는 조직을 추적하는 과정을 실감 나게 보여주어 마치 한 편의 추리 소설을 읽는 느낌. 어려운 현실에서도 포기하지 않고 새로운 세상을 찾아가는 모습이 감동적임.

《달 표면에 나무 심기》(엘리자베스 오 둘렘바, 천미나 옮김, 책과콩나무, 2016)
구리를 채굴하는 광산 마을이 오염되어 빨래도 쉽게 할 수 없고 건강마저 위협받는 상황에서, 나무를 심어 잃어버린 자연을 되찾고자 하는 소년을 통해 환경 문제와 다양한 사람들의 여러 삶의 모습을 이야기함.

《드라이》(닐 셔스터먼·재러드 셔스터먼, 이민희 옮김, 창비, 2021)
태풍, 기록적인 폭우와 폭염, 주기적인 팬데믹. 지구 생태계의 교란은 이제 나와 상관없는 문제가 아닌 지금, 여기의 문제가 되었다. 매일 '물 쓰듯' 쓰고 있는 물이 사라진 시대에 벌어질 일들을 따라가다 보면, 지금 우리가 지켜야 할 것이 무엇인지 진지하게 생각해보게 된다.

《리틀 브라더》(코리 닥터로우, 최세진 옮김, 아작, 2015)

학교 전산망 해킹이 주특기이고 수업 땡땡이가 취미인 삐딱한 열일곱 살 소년 마커스 얄로우. 그는 어느 날 테러 용의자의 누명을 뒤집어쓰게 되는데 과연 이 위기를 벗어날 수 있을까? 고도 정보화 시대를 사는 우리에게 사회의 의미를 진지하게 고민하게 하는 책.

★《무한 육각형의 표범》(박용기, 바람의아이들, 2018)

우리 삶 속에 깊이 자리 잡아가고 있는 인공지능 로봇과의 공존 속에서 발생하는 흥미진진한 이야기와 윤리적인 문제 등을 과학적인 상상력으로 풀어 나가는 이야기.

사회 문제

《누가 내 모습을 훔쳤을까》(타니아 로이드 치, 이계순 옮김, 별숲, 2020)

아무도 없는 학교 도서관에서 셔츠를 갈아입은 주인공은 교내 CCTV에 찍힌 그 사진이 유출되어 놀림감이 된다. 그 후 주인공은 감시 사회에 대한 비판적인 메시지를 담은 교내 벽화를 그리며 개혁을 주도한다. 안전이냐, 사생활 보호냐 두 가치관이 충돌하며 생각할 거리를 던지는 책.

《미스 함무라비》(문유석, 문학동네, 2016)

드라마 <미스 함무라비>의 원작 소설. 현직 판사가 쓴 작품으로, 법조인을 꿈꾸는 친구나 사회의 부조리한 일에 관심을 가지고 가슴 아파하는 친구에게 권한다.

★《어느 날 난민》(표명희, 창비, 2018)

세계적 문제의 희생자인 난민들의 애틋한 사연에 한 번쯤 귀 기울이고 싶다면.

★《죽은 경제학자의 이상한 돈과 어린 세 자매》(추정경, 돌베개, 2017)

우리 모두는 행복하게 살기 위해 돈, 시간, 노동이 필요하다. 일이란 내 손길이 필요한 곳에 내 힘을 덜어주는 것임을 깨닫게 하는 이야기. '돈나무' 공동체 같은 따뜻한 울타리가 우리 주변에 많아지기를 희망해본다.

★《편의점 가는 기분》(박영란, 창비, 2016)
가난한 이들에 대해 '찌질하다'고 생각해본 적 있다면 한 번쯤 이 책을 펼쳐보기를. 편의점에서 일하는 주인공이 노숙자와 다름없는 행색의 아주머니와 딸에게 따뜻한 내부의 온기와 도시락을 나눠주는 모습부터 가맹점 사업의 허와 실을 주인공이 몸소 깨닫는 과정까지, 우리 사회 및 경제에 대해 고민하게 만드는 이야기.

인간관계

《그 애를 만나다》(유니게, 푸른책들, 2019)
미대 진학을 목표로 바쁘게 살던 주인공. 아버지의 사업 실패 후 꿈을 잃게 생겼다는 절망감에 빠져 전학 간 학교에서 하루하루를 보내다 자유롭게 그림을 그리는 친구를 만나게 된다. 절망한 자리에서 꿈과 진로에 관해 자신만의 정답을 찾아 나서며 희망이 시작되는 이야기.

《우연한 빵집》(김혜연, 비룡소, 2018)
하루하루를 살아내는 힘겨움에 빠진 우리, 사랑하는 누군가를 가슴에 묻은 사람들의 이야기를 만나러 간다. 그 치유의 기록을 따뜻한 눈으로 바라보고 싶다면 '우연한 빵집'에 들러보자.

《원더독》(다케우치 마코토, 윤수정 옮김, 돌베개, 2016)
고등학교 입학식 날 우연히 유기견을 데려가게 된 켄타로. 등산 동아리에 가입해 그 개를 함께 키우게 된다. 그 뒤로 10년간이나 학교에서 살게 된 개 원더를 키우며 힘든 고교 시절을 이겨 나가는 고교생들의 이야기.

★《파도가 무엇을 가져올지 누가 알겠어》(박향, 나무옆의자, 2018)
고통을 외면하지 않고 마주하는 용기를 가지고 싶은 사람이라면, 소설 속 파란만장한 사연을 가진 세 친구의 삶과 우정을 만나보자.

《훌훌》(문경민, 문학동네, 2022)
자신을 입양한 엄마와 떨어져 외할아버지와 지내는 열여덟 살 유리. 하루빨리

기숙사와 장학금이 있는 대학에 입학해 과거를 싹둑 잘라내고 싶어 열심히 공부하지만 한 가지도 쉬운 게 없다. 외롭지만 다부지게 보내던 하루하루, 엄마의 죽음과 함께 나타난 초등학생 동생 연우. 새로운 관계는 행복의 시작일까, 불행의 또 다른 이름일까?

※소설 읽기에 자신이 있다면 아래의 본격 장편소설이나 연작소설집을 추가로 준비해 두 권 읽기에 도전해보세요. 소설 감상 능력을 눈에 띄게 높여줄 것입니다.

★★《그 많던 싱아는 누가 다 먹었을까》(박완서, 웅진지식하우스, 2012)
일제강점기 말부터 한국전쟁까지 몸으로 겪으며 살아낸 작가의 자전적 성장소설.

★★《원미동 사람들》(양귀자, 쓰다, 2012)
소설 《편의점 가는 기분》에 나올 법한 주인공과 주변 인물들의 이야기를 좀 더 진지하게 파고든 소설!

★★《소라단 가는 길》(윤흥길, 창비, 2003)
<장마>의 작가 윤흥길의 연작소설집. 어린아이의 시점으로 등장인물 각각의 전쟁 체험 이야기를 엮었다. 교과서에 실린 <종탑 아래에서>가 이 소설집에 실린 이야기 가운데 한 편.

중학교

중학생 시기의 사춘기적 갈등을 해소하는 데 초점을 맞춰 몸, 마음, 동경 등 청소년의 10대 주요 심리 갈등별로 분류해 소개한다. (분류 내 가나다 순)

나 알기

몸: 몸짱, 얼짱이 되고 싶어!
《가면생활자》(조규미, 자음과모음, 2019)
《다이어트 학교》(김혜정, 자음과모음, 2012)

《플라스틱 빔보》(신현수, 자음과모음, 2015)

《합체》(박지리, 사계절, 2010)

마음: 나도 내 마음을 모르겠어, 왜 이렇게 예민해졌을까?

《맹탐정 고민 상담소》(이선주, 문학동네, 2019)

《목요일 사이프러스에서》(박채란, 사계절, 2009)

《열여덟 너의 존재감》(박수현, 르네상스, 2011)

동경: 새처럼 높이, 멀리 날아보고 싶어!

《독립운동가가 된 고딩》(이진미, 초록서재, 2019)

《반짝반짝》(차윤미, 단비, 2018)

《세상에서 가장 완벽한 교실》(유진 옐친, 김영선 옮김, 푸른숲주니어, 2012)

《히라도의 눈물》(한정영, 다른, 2015)

너 이해하기

부모: 엄마(아빠)만 생각하면…

《나는 부모와 이혼했다》(라헬 하우스파터, 이선한 옮김, 큰북작은북, 2012)

《나는 아버지의 친척》(남상순, 사계절, 2006)

《리얼 마래》(황지영, 문학과지성사, 2018)

《얼간이 신입생의 일기》(뢱 블랑빌랭, 이세진 옮김, 라임, 2015)

친구: 이 친구 때문에 행복(불행)해요

《기필코 서바이벌》(박하령, 살림프렌즈, 2016)

《열여덟 소울》(김선희, 살림프렌즈, 2013)

《원예반 소년들》(우오즈미 나오코, 오근영 옮김, 양철북, 2012)

《체리새우: 비밀글입니다》(황영미, 문학동네, 2019)

사랑: 우리도 사랑하게 해주세요!

《발차기》(이상권, 시공사, 2020)

《사랑에 빠질 때 나누는 말들》(탁경은, 사계절, 2019)

상실: 그 사람을 다시 만날 수 있다면…

《꽃 피는 고래》(김형경, 창비, 2008)

《아무도 들어오지 마시오》(최나미, 사계절, 2019)

《오렌지 1kg 그리고 삶은 계속된다》(로젤린느 모렐, 김동찬 옮김, 청어람미디어, 2008)

스승: 선생님, 저 이제 외톨이와 안녕할지도 몰라요

《나는 선생님이 좋아요》(하이타니 겐지로, 윤정주 옮김, 양철북, 2008)

《폴리네시아에서 온 아이》(코슈카, 곽노경 옮김, 라임, 2019)

사회로 들어서기

가난: 가난은 부끄러운 게 아니라고요??

《모두 깜언》(김중미, 창비, 2015)

《변두리》(유은실, 문학동네, 2014)

직업: 나에게도 꿈이란 게 생겼으면…

《나는 기린 해부학자입니다》(군지 메구, 이재화 옮김, 더숲, 2020)

《식스팩》(이재문, 자음과모음, 2020)

《열네 살의 인턴십》(마리 오드 뮈라이유, 김주열 옮김, 바람의아이들, 2007)

장편소설 읽기의 힘

읽고 생각 나누고

완성도 있는 장편소설을 스스로 한 권 읽어내는 경험은 학생들에게 커다란 성취감을 준다. 소설을 통해 작가가 하려는 말이 무엇일까 추론하고, 자신의 추론을 작품 내용을 근거로 들어 말하는 과정에서 깊이 있는 문학 감상 경험을 할 수 있기 때문이다. 인물이 가진 핵심 갈등을 이해하고, 인물의 서사를 따라가며 소설의 주제의식을 꿰뚫어보는 일을 친구들과 함께 하면서 문학 감상의 흥미는 더욱 배가된다.

소설을 읽는 동안 들었던 생각을 정리해 의미 있는 질문을 던지거나, 소설에서 자신의 의견과 다른 점을 찾아보자. 그 과정에서 사회적 맥락과 연관 지어 작품의 의미를 확장해보기도 하고, 공감하기 어려웠던 갈등 해결 방식을 가진 인물이 있다면 그의 서사를 깊이 있게 다시 따라가 보며 사고의 확장도 경험할 수 있다.

나아가 자신의 이러한 문학적 체험을 또래와 나누는 과정에서 사고력과 표현력, 문학 감상 능력이 성장하는 것도 경험할 수 있다. 인물에 대해 호감 또는 반감의 한 가지 감정만 가졌던 단편적인 감상자의 경우, 자신과 다른 느낌을 가진 또래의 의견을 들으며 인물의 상황에 대해 더 깊이 생각하게 된다. 또, 작품을 읽다 인상적인 부분이 있어도 그 이유를 정확히 언어로 표현하지 못하던 감상자에게도, 또래와의 대화는 사고와 표현의 좋은 촉진자가 되어 자신이 받은 감동의 실체를 통찰할 기회를 갖게 된다.

이 수업에 대한 소감을 학생들의 육성으로 들어보자.

혼자 생각하는 것보다 친구들과 생각을 나누니까, 의견이 달랐던 내용은 서로의 의견을 이해하면서 내 생각을 다시 돌아보는 계기가 되었고, 의견이 같았던 것은 내 의견에 다른 친구 생각도 붙여서 생각해보니 더 풍부해지고 확실해지는 시간이 되었다.

느끼는 감정이 친구들마다 다르고, 생각이 다 다르다는 것을 알게 되었다. '순정(주인공)'의 마음에 생긴 병에 대해 얘기를 하면서 새로운 측면으로 '순정'의 모습을 바라볼 수 있었다. 앞으로 이런 다양한 토론을 통해서 친구와 나의 정보를 같이 공유하고 전달하면서 나의 가치관과 생각을 키우고 싶다.

우리가 뽑은 질문에 대해 토론을 했는데 내가 미처 생각지도 못한 의견이 나왔다. 여러 사람이 모이면 여러 의견이 오가서 알게 되는 점도 많아지는 것 같다.

중간중간 친구들과 주제에서 조금 벗어나는 얘기를 하기는 했지만 금세 다시 토론에 빠졌던 것 같다. '경희(주인공)'의 감정에 대해 얘기하면서 소설 속 인물에게 어떻게 감정이입을 하는지를 배웠다.

그러면 구체적인 수업 과정을 따라가 보자.

중학생 대상 수업이라면, 소설을 읽고 그 내용을 정리하는 힘을 기르는 과정을 탄탄하게 만들어보자. 아무래도 학생들은 인물의 경험을 따라가며 읽는 감상법에 익숙하기에, 기본적으로 인물을 중심으로 정리하게 하면 비교적 쉽게 받아들인다.

방영 중인 드라마 홈페이지에 가면 흔히 볼 수 있는 인물관계도를 활용하면 쉽다. 드라마 홈페이지의 인물 설명 양식을 활용해 학생들에게 제시하면 더욱 직관적으로 이해하기 때문이다. 같은 방식으로 소설의 주요 인물을 3~4명 정해 정리해보라고 하면, 책 전체를 뒤적이며 인물 중심으로 다시 정리하는 모습을 쉽게 관찰할 수 있다. 드라마 인물 소개처럼 인물 성격을 입체적으로 드러내려면 그 인물의 외모나 분위기는 물론 사회적 지위, 다른 인물과의 관계, 갈등과 소망 등을 종합적으로 고려해야 한다. 그렇게 인물 소개 중심으로 내용을 정리한 다음, 감동 받았거나 기억하고 싶은 문장을 고르게 하고, 소설을 읽고 궁금한 내용을 질문으로 만들어보라고 하면 소설 전체의 구조까지도 고려하게 유도할 수 있다.

인물, 인상 깊은 문장, 궁금한 점 정리가 끝나면 작품에 대한 사실적 이해는 어느 정도 된 것이다. 여기서 한 걸음 더 나아가, 작품의 주제의식이나 자신의 경험 등과 연관 지으며 심층적으로 감상하는 추론적 이해로까지 나아가기 위해서는 다양한 각도의 생각이 교류되는 것이 필수적이다. 밀도 있는 모둠 대화와 교사의 자극이 필요한 대목이다. 이를 위해 '예, 아니요'로 답할 수 있는 단순한 질문보다는 자신이 이 소설에 대해 미처 생각하지 못했던 부분이나, 이 소설이 하려는 말을 깊이 이해하는 데 영향을 줄 것 같은 좋은 질문을 떠올리고 찾을 수 있게 독려한다.

또한 교사가 미리 좋은 질문을 만들어두는 것도 매우 요긴하다. 소설 작품과 긴밀하게 상호작용을 하며 작품의 의미를 캐내도록 학생들을 촉진할 수 있는 좋은 발문 말이다. 학생들이 스스로 만든 질문과 구별해 이를 '보물 질문'이라고 이름 붙이면 수업시간에 의사소통이 편리해진다. 학생들이 만든 질문으로 모둠 토의를 다 끝내야 이 '보물 질문'을 받아갈 수 있다고 말해주면, 모둠 토의에 속도감과 성취감도 부여할 수 있다. 중학생이 읽을 만한 성장 소설을 중심으로 만든 '보물 질문'들의 예시를 이 글 말미에 제시해보았다(자료7). 선생님들이 학생들과 소설을 읽으며 더 많은 '보물 질문'을 만들어 공유해주실 날을 기대한다.

꼼꼼히 작품을 읽으며 자신의 경험과 생각, 느낌을 떠올리고, 이에 비추어 다시 소설의 의미를 재구성해보는 내적 성찰은 소설 수업에서 언제나 중심 자리에 두어야 한다. 이런 경험이 쌓이면 학생들은 작품을 능동적으로 해석하는 방법을 알게 되어, 문학 독서의 즐거움을 느끼게 될 것이기 때문이다. 이는 자연스럽게 다음번 독서에 대한 동기로 이어지게 마련이다.

작품의 의미를 정리하여 전달하는 수업이나, 줄거리 중심으로 건너뛰며 겉핥기식으로 읽는 작품 감상은 학생들의 삶에서 '하나의 의미 있는 사건'이 되지 못한다. 그럴 때 소설은 흔한 종이 더미가 되고, 문학 수업은 쓸모없는 지식의 덩어리로 전락하는 것이다.

고등학생이라면 문학 독서의 과정을 평가와 조금 더 긴밀하게 연계해볼 수 있다. 이를 '자료 활용 문제 해결'이라고 명명해도 좋겠다. 다 읽은 장편소설 책을 소지한 상태에서, 다시 한 번 앞뒤로 훑어보면서 주어진 질문에 답을 하는 일종의 오픈북 시험 형태이기 때문이다. 상세한 독서 과정 및 평가와 연계할 때 주의할 점 등을 다음 장에서 살펴보자.

교사가
먼저 읽고 만든
'보물 질문'

앞의 '자료6'에서 소개한 '성장 소설 추천도서'의 질문 예시를 소개한다. (책명은 가나다 순)

※다음 작품의 경우 《십대 마음, 10대 공감》에 실린 활동지의 질문을 재인용 또는 재구성해 만들었음을 밝혀둔다. 《꽃 피는 고래》《목요일 사이프러스에서》《발차기》《열네 살의 인턴십》《오렌지 1kg 그리고 삶은 계속된다》

《꽃 피는 고래》(김형경)

• '니은'의 아픈 마음이 깊이 느껴지는 부분이 있다면 소리 내어 읽어보자. 어떤 느낌이 드는지 말해보자.

• 니은에게 가장 도움이 되었다고 생각하는 사람 1, 2위를 뽑아보자. 그 사람들이 니은에게 한 말 중 좋은 말을 세 가지 뽑아보고 그 의미를 깊이 생각해보자.

《나는 부모와 이혼했다》(라헬 하우스파터)

• 엄마 아빠의 이혼으로 '나'가 느끼는 혼란과 고통이 잘 나타난 문장이나 단락을 찾아보자. 모둠원에게 읽어주고 '나'의 감정을 다양하게 파악하고 공감해보자.

• 고통스러워하던 '나'는 빈 옥탑방에서 2주에 한 번씩 주말을 혼자 보내면서 점차 안정을 찾아갔다. '부모와 이혼했다'는 말이 무엇을 의미할까? 짐작할 수 있는 문장이나 단락을 찾아보고 그 의미를 다양하게 이야기해보자.

• 엄마 아빠는 이혼 과정에서 어떤 감정을 느꼈을까? 엄마 아빠의 입장이 되어 이 소설에 나온 사건을 이해해보자.

《나는 아버지의 친척》(남상순)

- 어머니가 돌아가신 뒤 2년 동안 친척집을 떠돌던 '미용'은 아버지 집에 들어가서도 "어디에도 내 자리는 없다"는 기분에 시달린다. 이런 미용의 마음을 이해할 수 있는 장면을 모두 꼽아보자. (5장면 이상)
- '아버지', '준석'의 어머니, '준석'은 미용을 사랑할까? 그들의 마음을 알 수 있는 장면을 각각 찾아보자.

《다이어트 학교》(김혜정)

- '새미 언니'를 비판해보자. 반대로 새미 언니의 처지가 되어 새미 언니의 입장을 옹호해보자.
- 다이어트 학교에서 탈출한 후 '홍희'는 어떤 변화를 겪는가? 앞으로는 어떻게 살아갈까?

《모두 깜언》(김중미)

- 주인공 '유정'을 소개해보자. 이 아이의 특징은 무엇인가? 이 아이에게 배우고 싶은 점이 있다면 어떤 부분인가?
- 이 소설 속 인물에게는 모두 상처가 있다. 주요 인물 4~5명을 골라 그들에게 어떤 상처가 있는지 알 수 있는 대목을 찾아 모둠원에게 읽어주자. 그들 각자의 상처가 무엇인지 말해보자.
- 작가는 왜 소설 제목을 "모두 깜언"이라고 지었을까? 작가가 제목에 담고자한 의미는 무엇일까?

《목요일 사이프러스에서》(박채란)

- '선주', '태정', '새롬'의 아픈 마음을 가장 잘 나타낸 문장을 각각 찾아보자. '하빈'은 이들 셋에게 각각 뭐라고 조언을 하는가?
- 자신의 고민(이나 친구의 고민)을 하나 꺼내보자. 하빈이라면 어떤 조언을 해주었을까?

《발차기》(이상권)

- 30~31쪽에 나온 '경희'의 감정과 좋아하는(좋아했던) 이성에 대한 내 감정은 얼마나 비슷한가? 이런 감정을 부모님에게 이야기한다면 뭐라고 하실까?
- 74~75쪽에 나온 '경희'와 '정수'의 감정에 대해 얼마나 공감하는가? 지금 이들과 같은 감정이라면 나는 어떤 선택을 할까?

《세상에서 가장 완벽한 교실》(유진 옐친)

- '사샤'는 학교, 자기가 살고 있는 공동 아파트, 자기 나라에 대해 어떤 생각과 감정을 갖고 있었는가?(135쪽 이전까지에서) 이바니치 교장, 니나 담임 선생님, 학교, 그리고 공동 아파트와 함께 사는 이웃들, 마지막으로 스탈린과 나라에 대해 서로 각각 나누어 생각해보자.
- 이 소설에는 '경계심'이라는 단어가 자주 나온다. 왜 그럴까?
- 아빠를 체포했던 장교가 사샤를 불러 학교에서 벌어지는 수상한 행위를 신고하는 비밀 요원이 되라고 요구한다. 그 요구를 받고 사샤는 어떤 선택을 하는가? 앞으로 사샤는 어떤 삶을 살게 될까?

《얼간이 신입생의 일기》(뤽 블랑빌랭)

- 프랑스의 교육, 청소년 문화(이성 친구, 또래 친구 등)와 지금 우리가 경험하고 있는 교육, 청소년 문화를 다양하게 비교해보자. 무엇이 같고 무엇이 다른가? 무엇이 달라지면 좋을 것 같은가?
- 주인공 '닐스'의 부모님과 나의 부모님을 비교해보자. 부모님에 대한 닐스의 불만을 파악해보고, 자신의 불만도 털어놓아 보자.

《열네 살의 인턴십》(마리 오드 뮈라이유)

- 미용실 인턴십을 가기 전 '루이'는 어떤 표정을 하고 살아가고 있었을까? 다양하게 이야기해보자.
- 미용실 인턴십을 다녀와서 루이는 굉장히 많이 변하게 된다. 어떻게 변하게 되는가?

《열여덟 너의 존재감》(박수현)

- 할머니를 떠나 엄마와 사는 5년 동안 '이순정'은 크게 변했다. 이 기간 동안 순정의 마음에 생긴 병에 대해 모두 말해보자.
- 자신의 마음을 알아주는 법을 '쿨샘'에게 배우고, 아무에게도 말 못 했던 사연을 강아지에게 털어놓으면서 순정은 마음의 안정을 찾아 할머니에게 돌아가기로 결심한다. 우리 주위에서 이순정처럼 방황하는 친구가 있다면 누구일까?(친구가 없다면 내 마음을 돌아봐도 됨) 이순정이라면 방황하는 그 친구(또는 나)에게 어떤 조언을 할 것 같은가?

《열여덟 소울》(김선희)

- '형민'과 '조미미'의 상처는 무엇인가? 그것을 극복하는 자기들만의 방법은?
- 형민은 조미미를 좋아하면서도 계속 망설이다가 결국 고백을 한다. 왜 망설였고, 결국 왜 고백을 할까?

《오렌지 1kg 그리고 삶은 계속된다》(로젤린느 모렐)

- 기억에 남는 문장을 세 문장씩 꼽아보자. 거기에 담긴 '알리스'의 감정을 모두 다른 단어로 표현해보자.
- 알리스의 어머니가 세상을 떠나기 전 마지막 순간에 한 말을 떠올려 보자. 이 말의 의미는 무엇일까?

《원예반 소년들》(우오즈미 나오코)

- 주인공 '시노자키 다쓰야'의 성격을 최대한 세밀하게 알아내 보자. 그의 성격을 알 수 있는 대사와 행동을 찾아 모둠원에게 읽어주자.
- 불량 소년이었던 '오와다 잇페이'의 성격을 최대한 세밀하게 알아내 보자. 그의 성격을 알 수 있는 대사와 행동을 찾아 모둠원에게 읽어주자.
- 세 소년이 원예반 활동에 빠져드는 이유는 무엇일까? 원예반 활동을 셋이 함께 하면서 각자는 어떤 변화를 겪게 되는가? 다양하게 생각해보자.

《플라스틱 빔보》(신현수)

- "공부로 성공하기 힘드니 성형수술을 해서 외모라도 업그레이드하자." "뷰티가 밥 먹여준다." 이 말에 담긴 생각에 여러 가지 근거를 대며 반대해보자. 또 찬성해보자.
- '혜규'는 얼굴을 다친 후 예전과 달리 자기 얼굴에 자신이 없어진다. 왜 그런 마음이 생겼을지 혜규의 입장이 되어 느낌을 말해보자.
- 성형수술에 대한 확신을 키워가던 혜규가 나중에 마음을 바꿔 '안티 플라스틱' 활동을 시작한다. 혜규의 결정에 대해 어떻게 생각하는가?

《합체》(박지리)

- "도사님, 작은 건요…… 불쌍한 거예요. 초라하고요, 무시당하고요, 밟히고, 깨져서 결국 죽는 거예요." 작은 것에 대한 '체'의 생각이다. 이 생각 속에 담긴 체의 인생사를 모두 떠올려 보자.
- 똑같이 키가 작지만 '합'은 체와는 다른 생각을 하고, 다른 미래를 꿈꾸고 있다. 그 비결이 무엇일까?

《히라도의 눈물》(한정영)

- '세후'는 사무라이도, 일본인도, 엄마의 친아들도 될 수 없었다. 세후가 자신에 대해 알아 나가면서 혼란을 겪는 장면을 최대한 많이 찾아보자. (4장면 이상)
- 세후는 네덜란드로 가기로 결심한다. 왜 그런 결심을 했고, 네덜란드에서 세후는 어떤 마음가짐으로 살아갈 것 같은가?

평가

질문 만들기부터 구술 평가까지

장편소설 독서 수업은 책 한 권을 준비하는 과정부터 시작해 책을 다 읽는 시간까지 포함하기 때문에 2~3주 정도를 할애하여 진행한다. 이 긴 과정 자체를 평가에 넣는 것이 학생들과 교사의 노력이 반영되는 바른 평가 방향일 것이다. 이를 위해 다음과 같은 과정평가를 진행해볼 수 있다.

우선 주요 인물을 딱 두 명만 꼽아 심도 있게 소개하고, 일정한 분량으로 줄거리를 쓰는 방식으로 작품에 대한 사실적 이해 과정을 정리하게 한다. 특히 줄거리를 정리할 때, 단순히 일어난 사건만 늘어놓지 않도록 주의를 주는 게 좋다. 인물들이 왜 그렇게 행동하는지, 작가가 하고 싶은 이야기는 무엇인지가 드러나도록 써보라고 요구해야 작품에 대한 이해 수준을 확인할 수 있기 때문이다.

마지막으로 이 소설을 읽고 의미 있는 질문을 하나 던지고, 그 질문이 왜 의미 있는 질문인지 설명한 다음 직접 대답해보라고 요구한다. 이를 통해 추론적인 이해 또는 비판적인 사고 과정을 열어줄 수 있다.

이러한 교사의 요구 사항에 대한 학생 반응의 수준을 높이고자 할 때는 완성도 높은 예시를 제공하는 것이 가장 효과적이다. 교사가 제시한 예시 자료를 보며 학생들은 교사의 요구 사항의 핵심을 직관적으로 이해하고, 자신이 보여줄 수행의 수위를 설정하기 때문이다. 예를 들어 줄거리가 널리 알려진《홍길동전》같은 작품에서 인물을 소개한 문장을 다음과 같이 예시로 준비해 보여주고, 의미 있는 질문 하나를 예시하는 것만으로도 학생들의 결과물 수준이 한결 높아지는 것을 확인할 수 있다.

♦ 홍길동 소개: 탐관오리의 횡포와 못된 양반들의 등쌀에 지친 조선 시대 백성에게 희망을 안겨준 인물. 영웅호걸의 기상을 지녔으며 일찍이 무예와 도술을 익혀 조선 팔도에서는 당할 자가 없다. 서얼로 태어난 신분의 한계 때문에 뜻을 펼 수 없는 것을 한탄하지만 결국에는 이를 극복하고 새로운 길을 개척하는 용기와 지혜를 가르쳐주는 인물이다.

《홍길동전》의 줄거리 쓰기: 홍 판서와 여종 춘섬 사이에서 태어난 아들인 홍길동은 서자라는 이유로 주위의 멸시와 차별을 받지만 타고난 재주와 끊임없는 노력으로 높은 학식과 뛰어난 무술 실력을 갖추게 된다. 적서 차별에 못 이겨 집을 나온 길동은 도둑 무리의 우두머리가 되고 이름을 '활빈당'이라 짓는다. 길동은 부패한 벼슬아치를 벌주고 그들에게 뺏은 재물을 가난한 백성들에게 나누어준다. 나라에서 홍길동을 잡아들이려 하자 길동은 직접 임금에게 나아가 적서 차별 제도의 모순과 탐관오리의 부패를 비판한다. 이후 임금이 자신에게 병조 판서 벼슬을 내리자 길동은 활빈당을 이끌고 율도국으로 건너가 왕이 된다. 홍길동이 나라를 다스린 지 3년 만에 율도국은 이상적인 국가가 된다.

의미 있는 질문: 홍길동이 삶을 사는 방식 중 인상 깊었던 점을 두 가지 이상 꼽고, 이를 자신의 삶에 비추어 논한다면?

이와 같이 장편소설 내용을 자신의 언어로 정리해보는 활동을 통해, 문학 과목 교육과정에 제시된 성취 기준 중 다음과 같은 요소들을 측정하고 확인해볼 수 있다.

문학 작품의 구성요소들과 전체가 유기적인 관계를 맺고 있음을 이해하고, 이를 활용해 작품 속 인물들을 분석하는가?

사건 사이의 인과 관계 및 작가의 창작 의도를 고려하여 소설의 줄거리를 짜임새 있게 정리할 수 있는가?

+ 작품을 활용하여 비판적이고 창의적인 질문을 생성할 수 있는가?

위와 같이 글쓰기 형식의 과정평가를 진행한 다음에 특별히 변별력 있는 수행평가를 설계하고 싶다면, 구술 평가를 시도해 볼 수 있다. 대략 발표 순서대로 나와서 아래의 질문 중 3개를 뽑아 답을 하는 형태라고 생각하면 된다. 우선 어떤 질문으로 구술 평가가 가능한지 살펴보자.

구술 평가에 활용할 만한 질문[*]

1. 이 소설을 읽고 의미 있는 질문을 하고, 왜 그 질문이 의미 있는지 설명하시오.

2. 소설에서 인상 깊은 구절 한 문장을 말하고, 그 이유를 설명하시오.

3. 소설의 저자가 하려는 말을 한마디로 정리하고, 그 한마디가 왜 핵심인지 설명하시오.

4. 소설과 연관된 자신의 경험을 말해보시오.

---

[*] 이 질문 모음과 구술 평가 진행 요령은 《나의 책 읽기 수업》(송승훈, 나무연필, 2019)에서 얻었음을 밝혀둔다. 이 책에는 모둠별 평가 진행 방식도 잘 나와 있으니 참고하기 바란다.

5. 소설과 관련된 세상일을 말해보시오. 여기서 세상일이란 언론, 예술, 다른 책에서 본 연관된 내용을 뜻함.

6. 소설을 읽으면서 어디에 초점을 맞추면 좋은지 말하고, 왜 그런지 설명하시오.

7. 소설에서 자신의 의견과 다른 점이 있다면 이야기해보시오. 자기 의견과 다른 부분이 없으면 이 소설과 의견이 다른 관점에 대해 설명하시오.

8. 소설에서 자기에게 특별히 와 닿는 부분과 그 이유를 설명하시오.

9. 소설에서 사회 문제를 개선하는 데 도움이 되는 내용을 찾아 설명하시오.

10. 이 소설이 가장 어울리는 사람이 누구인지 자기 반에서 찾아 이름을 대고 그 이유를 말하시오. 어떻게 그 친구에게 이 소설을 소개해야 그 친구가 읽을지 효과적인 방법을 이야기하시오.

위와 같은 질문을 구술 평가 시작일 일주일 전에 공개하고 수업시간 동안 준비할 시간을 줘서 발표 순서에 따른 유불리에 대한 불만과 준비 부담을 최대한 줄여준다. 발표 준비부터 평가 당일 발표까지 4인 1조 모둠 형식으로 진행할 수도 있고, 개인 평가로 할 수도 있다.

개인 평가로 진행할 경우, 발표 순서는 평가 당일 추첨으로 정하고 순서대로 나와서 질문 3개를 뽑게 한다. 자신이 뽑은 질문 번호를 국어부장에게 말하고 평가가 시작되면 학번과 이름을 말하고 자기가 뽑은 질문을 읽게 한다. 이렇게 먼저 질문을 읽게 해야 주의가 환기되어 다른 학생들이나 교사도 발표를 들을 준비를 갖출 수 있다. 이런 내용을 다음과 같이 아예 발표 안내문으로 만들어 교탁에 붙여두면 "문제 뽑아요? 이름 말해요? 이제 해도 돼요?" 등의 불필요한 질문을 막을 수 있다.

구술 평가 답변 방식

안녕하세요, 저는 ○학년 ○반 ○○번 ○○○입니다.

제가 읽은 소설은 ○○○입니다.

제가 뽑은 질문은 1번, 5번, 8번 질문입니다.

1번 질문 "이 소설을 읽고 의미 있는 질문을 하고, 왜 그 질문이 의미 있는지 설명하시오"를 답변하겠습니다. 답변~

5번 질문 "소설과 관련된 세상일을 말해보시오"를 답변하겠습니다. 답변~

8번 질문 "소설에서 자기에게 특별히 와 닿는 부분과 그 이유를 설명하시오"를 답변하겠습니다. 답변~

이상 답변을 마치겠습니다. 감사합니다.

질문 하나당 1분(±15초) 동안 답을 하면 되는데, 평가 도우미를 두어 진행을 돕고 발표 시간을 재도록 해야 교사가 오로지 발표 내용을 듣는 것과 평가에만 집중할 수 있다. 적절한 채점표 양식을 만들어 들으면서 그 자리에서 바로 점수를 매기도록 한다.

평가 기준은 작품 전체의 맥락을 충분히 언급하며 주어진 질문에 답을 하는지, 말하고자 하는 바를 유창하게 표현하는지, 정확한 단어를 활용해 적절한 발음·성량·높낮이를 지켜가며 말하는지, 청중과 눈맞춤을 하며 청중의 흥미를 유지하는지, 주어진 시간을 충분히 활용하는지 등을 보면 된다. 구술 평가는 말하는 모습만 보아도 잘한 학생이 바로 눈에 띄기 때문에 결과가 분명해 변별력이 높다.

지금까지 설명한 구술 평가 진행 흐름도를 담은 안내문(평가 도우미용)과 구술 평가 채점표 양식(교사용)을 참고자료로 실어 두었다(자료8). 학생들의 구술 발표는 한 번 진행되면 사라지기 때문에, 교사가 아무런 방해 없이 학생의 발표 내용에 온전히 집중하면서 그 순간 수준을 판단할 수 있도록 미리 환경을 갖추어 놓는 것이 중요하다. 물론 학생의 발표 내용을 영상 녹화하는 방법도 있겠지만, 영상을 다시 보며 점수를 매기는 것은 평가 업무에 지나친 부담으로 작용하기에 추천하지 않는다.

장편소설
구술 평가
안내문

평가 도우미는 평소 활동하던 국어부장이 있으면 그 학생에게 맡기면 좋다. 전체적인 역할 분담은 이렇다. 1번 도우미는 발표자의 발표 시간을 재고, 발표자가 요구한 시간을 다 채우지 못했는지 혹은 제한 시간을 넘기고 있는지를 교사와 발표자 모두에게 알리는 시간 관리자다. 2번 도우미는 신속한 구술 평가 진행을 위해 발표자들을 불러 미리 복도에 대기하게 하고, 문제 뽑기를 도와 공정한 진행이 되게 한다.

평가 도우미 1

- 책상과 의자를 들고 나와 교탁 왼쪽(출입문 쪽) 뒤편에 앉는다.
- 핸드폰 초시계 앱을 실행하여 들고 대기한다.
- 발표자가 "<u>O번 질문에 답하겠습니다</u>"라고 말하기 시작한 순간부터 시간을 잰다.
- 질문 하나당 발표한 시간이 60초가 넘는 경우 **핸드폰 알람 종을 친다.** 70초 이상이면 "다음 질문으로 넘어갈게요"라고 크게 알려준다.
- 발표자의 **첫째 질문에 대한 발표가 1분 전에 끝나면 "몇 초 남았습니다"라고 큰 소리로 말하고 명렬표에 기록한다.** 둘째, 셋째 질문에 대한 발표도 1분 전에 끝나는 경우 똑같이 한다. (기록하고 큰 소리로 말하기)
- 발표가 끝나면 자기 발표문을 교탁 옆 보조책상 위에 두고 가도록 안내한다.

평가 도우미 2

- 책상과 의자를 들고 나와 교실 앞문에 자리 잡는다. 복도에는 항상 발표자 2명이 대기하도록 미리 "O번 나오세요"라고 불러서 줄을 서 있게 한다.
- 평가 질문 뽑기용 막대를 들고 있다가

• 순서가 된 발표자가 나오면 문제를 뽑게 한다. **(앞 발표자가 2번째 질문에 대한 답을 말하기 시작할 때 그 다음 발표자가 문제를 뽑게 하면 된다)**

  – 뽑기용 막대를 발표자 쪽으로 내주고 발표자가 3개를 선택하게 한다.

  – **뽑기 막대의 번호를 확인하고**, 명렬표에 **발표자가 ○번, ○번, ○번 질문을 뽑았는지 질문 번호를 적는다.**

• 교탁 앞 발표자가 "이상 답변을 마치겠습니다"라고 말하면, 다음 발표자를 교탁 앞으로 내보내면서 **"○번, ○번, ○번 질문을 뽑았습니다"**라고 크게 말해준다.

번	이름	첫째	둘째	셋째	합 (9점)	자료 활용 (6점)	최종 (15점)	소설 제목 (시간)
1		3 2 1	3 2 1	3 2 1				
2		3 2 1	3 2 1	3 2 1				

구술 평가
채점표

다음은 학생의 구술 발표를 들으면서 교사가 바로 그 자리에서 채점할 수 있게 만든 채점표 양식이다. 세 개의 질문에 대한 발표에, 질문마다 3, 2, 1점 중 몇 점을 줄지 ∨표를 하는 간단한 형식으로 되어 있다. 발표를 들으면서 곧바로 '상, 중, 하'의 어디에 해당할지 판단하는 것은 어렵지 않기 때문이다. '상'과 '중' 사이의 애매한 경우라면 3과 2 사이에 ∨표를 하면 된다.

교사는 학생의 발표를 들으면서 그 내용을 놓치지 않기 위해 '평가 내용'란에 간단히 단어 중심으로 메모하며 들으면 좋다. '3, 2, 1' 각 점수 사이에 ∨표 되어 있는 발표자의 경우 이 '평가 내용'란을 통해 발표 내용을 복기하고 학급 전체 학생들의 발표 수준과 비교한 다음 추후에 점수를 확정해도 된다.

발표자가 교탁 앞에 선 후 자기 이름과 읽은 책, 그리고 몇 번 질문을 뽑았는지를 말하는 동안 해당 학생이 읽은 책 제목을 적어둔다. 또한 두 번째(세 번째)로 뽑은 질문을 발표자 학생이 소리 내어 읽는 동안 직전 질문에 대한 점수를 확정하는 잠깐의 복기 시간을 가질 수도 있다.

양질의 발표를 위해서는 구술 평가 질문에 대한 예상 답변을 정리할 시간을 미리 주고, 그것을 정리한 학습지를 과정평가에 반영할 수도 있다. 그러면 발표 때 점수를 확정하지 못한 학생의 경우 이 과정평가 학습지를 들춰보며 추후에 점수를 확정할 수도 있다. 아래 표에서 '자료 활용'란이 과정평가 항목이다.

	평가 내용 (작품의 맥락 활용, 유창성, 언어의 정확성 및 적절성, 청중과의 눈맞춤 및 흥미 유지, 시간 활용)

동시대와 호흡하는

단편소설 읽기

인간과 사회를
보는 눈

좋은 단편소설 고르기

'서사'와 '함축'을 동시에 잡는 법

단편소설은 소설의 서사성과 시의 함축성을 모두 갖춘 장르다. 인물이 펼쳐가는 사건의 전개를 따라가는 재미가 있되, 짧은 분량 속에 인간과 사회의 한 단면을 인상적으로 드러내는 압축이 있다. 분량이 짧아 한 호흡에 읽기에 좋으며 특히 동시대와 호흡하는 단편소설은 인간과 사회를 보는 청소년들의 시야를 틔워준다.

"단편소설로 동시대와 호흡하기" 수업에서 활용할 만한 작품은 어떻게 선별하면 좋을까? 청소년들이 나고 자란 2000년대 이후의 사회 변화와 그 속에서 격돌하는 가치관의 문제를 정면으로 다룬 작품들을 적극적으로 문학 수업에 도입해보자. 이미 2000년대의 징후를 예고하고 있을 뿐만 아니라 청소년들의 부모 세대가 본격적으로 사회에 진출해 경제적 기틀을 갖추기 시작한 시기인 1990년대 작품까지 포함한다면, 청소년들의 현재 삶과 직접적 연관이 높은 현장성 있는 작품을 많이 찾아낼 수 있다.

많은 동시대 젊은 작가가 있지만, 그중 청소년이 읽고 스스로 감상할 수 있는 작품을 가려내는 데 교사의 안목이 필요하다. 학교 현장에서 사용되는 10여 종의 고등학교 문학 교과서도 1990년대 이후 발표작을 적극적으로 수록하고 있으니 참고하는 것도 도움이 될 것이다.

단편소설은 오래전부터 삶의 균열과 사회적 약자의 자리에 주목해왔거니와, 김재영의 〈코끼리〉, 공선옥의 〈명랑한 밤길〉, 김애란의 〈노찬성과 에반〉, 박민규의 〈갑을고시원 체류기〉, 장강명의 〈알바생 자르기〉 등은 청소년 또는 이제 막 성인이 된 청년 서술자를 내세워 외국인 노동자와 빈민의 삶의 현장을 사실감 있게 그려 보인다. 산업단지에서 네팔인 아버지와 살아가는 소년, 이제 막 고교를 졸업해 간호학원에 다니며 안정된 직장에 안착하려 안간힘 쓰는 스무 살 여성, 사랑하는 개를 치료할 돈을 모으며 할머니와 사는 소년, 아버지의 사업이 망하자 각자 살 곳을 찾아 가족 모두 뿔뿔이 흩어지게 된 청년…. 이들의 눈에 비친 세상을 따라 읽으면서, 학생들은 자신이 발 딛고 살아왔던 세상을 더욱 촘촘히 들여다보게 된다.

사춘기를 통과하며 사랑에 대한 각자의 경험과 상상을 키워 온 청소년들에게 김금희의 〈너무 한낮의 연애〉나 조남주의 〈현남 오빠에게〉, 한강의 〈파란 돌〉은 사랑에 대한 남다른 시각과 깊이 있는 문학 체험을 선사할 수 있다. 연애조차도 예능이 되어버린 세상에서 '밀당'이니 '썸'이니 하는 간지러운 자극을 넘어, 한 존재가 다른 존재에게 자신을 완전히 여는 것으로서의 연애를 간접 경험할 수 있을 것이다. 나아가 두 남녀의 만남이라는 지극히 개인적인 사건을 둘러싼 사회적이고 정치·경제적인 맥락에 대해서도 진지하게 생각해볼 수 있기 때문이다.

서유미의 〈스노우맨〉이나 성석제의 〈내가 그린 히말라야시다 그림〉, 이기호의 〈권순찬과 착한 사람들〉은 어른 서술자를 통해 우리 사회의 이해타산과 상대방에 대한 몰이해, 그 속에서도 버릴 수 없는 희망에 대해 말하는 단편들이다. 비록 어른의 세계를 다루지만, 그들이 활동하는 무대가 되는 시대와 공간이 이 시대 청소년들도 눈뜨면 늘 마주하는 익숙한 시공간으로 설정되어 있어 따라 읽기에 어렵지 않다.

"단편소설로 동시대와 호흡하기" 수업을 하고자 할 때 활용할 만한 작품 목록(자료9)을 참고자료로 실어놓았으니 널리 활용하면 좋겠다.

동시대와 호흡하는
단편소설

작가별

문학 교과서에 실린 1990년대 이후 발표작을 참고하되 작가와 작품을 더 보강했다. 교사가 동시대 작가와 작품에 대한 인상을 얻는 데 도움이 될 것이다. (작가명 가나다 순)

공선옥: <그 시절 우리들의 집> <나는 죽지 않겠다> <명랑한 밤길> <한데서 울다>

김금희: <너무 한낮의 연애>

김소진: <갈매나무를 찾아서> <눈사람 속의 검은 항아리> <자전거 도둑>

김연수: <세계의 끝 여자 친구>

김재영: <코끼리> <꽃가마배>

김숨: <뿌리 이야기>

김애란: <노찬성과 에반> <도도한 생활> <입동> <칼자국>

김중혁: <엇박자 D>

김창규: <업데이트>

박민규: <갑을고시원 체류기> <그렇습니까? 기린입니다>

배명훈: <타클라마칸 배달사고>

서유미: <스노우맨>

성석제: <내가 그린 히말라야시다 그림> <아무도 모르라고> <오렌지 맛 오렌지> <투명인간> <처삼촌 묘 벌초하기> <황만근은 이렇게 말했다>

윤영수: <착한 사람 문성현>

윤흥길: <무지개는 언제 뜨는가> <종탑 아래에서>

은희경: <날씨와 생활> <딸기 도둑> <빈처>

이기호: <권순찬과 착한 사람들> <우리에겐 일 년 누군가에겐 칠 년> <할머니 이젠 걱정 마세요>

이남희: <허생의 처>

이상권: <고양이가 기른 다람쥐>

조남주: <현남 오빠에게>

장강명: <알바생 자르기>

정세랑: <목소리를 드릴게요>

정이현: <소녀 시대> <오늘은 너무 외롭지>

천선란: <흰 밤과 푸른 달>

최은영: <비밀> <손길> <씬짜오 씬짜오>

한강: <내 여자의 열매> <파란 돌>

주제별·상황별로 골라 읽기 좋은 단편소설집

책따세 추천도서 중 단편소설집은 청소년 눈높이에 잘 맞으면서도 작품성까지 고려해 신중하게 가려 뽑은 작품이 많다. 중학생도 읽을 만한 쉬운 단편소설집과 고등학생이 읽을 만한 단편소설집을 싣는다. 수업의 주제와 상황에 따라 골라서 활용하기 쉽도록 한 줄 소개글과 해시태그도 함께 실었다. 책 소개글과 해시태그는 책따세 홈페이지에 실린 자료를 활용했음을 밝혀둔다. (책명은 가나다 순)

중학생부터

《격리된 아이》(김소연 외, 우리학교, 2020)

#달라진_일상 #코로나19

코로나19로 우리 사회가 큰 변화를 겪었던 2020년의 모습을 사실적으로 표현.

《귀문 고등학교 미스터리 사건 일지》(김동식 외, 블랙홀, 2020)

#미스터리 #재미 #공감 #학교에_일어날_법한_일들

학교에서 일어날 법한 미스터리 사건. 갑자기 학교에서 총성이 들리기도 하고, 의문의 교통사고를 당한 학생을 위해 진실을 파헤치기도 하고, 연설을 앞둔 학생회장 후보가 사라지기도 한다.

《너만 모르는 엔딩》(최영희, 사계절, 2018)
#SF소설 #생활밀착형 #외계인 #청소년
외계인과 청소년의 이야기를 담은 SF소설 다섯 편.

《소년, 소녀를 만나다》(황순원문학촌 소나기마을, 문학과지성사, 2016)
#소나기_이어쓰기 #속편 #첫사랑
<소나기>의 감성이 오롯이 느껴지는 너무나 다른 아홉 가지 속편.

《숏컷》(박하령, 자음과모음, 2021)
#위로 #문제상황 #친구 #성장
폭력 가해자의 이면과 방관자, 편견에 맞서는 아이, 어쩔 수 없이 거짓말을 해야 했던 아이, 말하기 힘든 가족사로 외톨이를 자처한 아이, 절친과의 갈등에 괴로워하는 아이, 부모의 이혼에 맞닥뜨린 아이가 문제 상황들 속에서 고민하고 성장해가는 이야기.

《작전명 진돗개》(조향미, 양철북, 2019)
#고등학생 #문학시간 #소설쓰기
고등학생이 쓴 단편소설을 모은 책.

《취미는 악플, 특기는 막말》(김이환 외, 생각학교, 2020)
#말 #교훈사절 #언어폭력 #말의_가치와_무게
말 한마디로 시작되었던 따돌림을 딛고 일어서는 성장 소설부터, 더 이상 말로 소통하지 않는 미래 시대를 담은 SF소설까지 다양한 내용과 형식을 통해 '말'이 가진 힘에 대해 이야기하고 있다.

고등학생부터

《내가 아직 아이였을 때》(김연수, 문학동네, 2016)
#상처 #선물과_아픔을_동시에_주는_글 #연필로_쓴_소설
김천의 시장통을 배경으로, 태어나서 스무 살까지의 시간을 연작의 형식으로 아홉 편의 소설에 알뜰살뜰 섬세하게 담아냈다.

《로봇 중독》(김소연·임어진·정명섭, 별숲, 2018)

#인공지능 #인간과_로봇 #미래사회

미래의 로봇과 평화롭고 공정한 관계를 맺으려면.

《아름다운 그이는 사람이어라》(김탁환, 돌베개, 2017)

#세월호 #진실 #아픔 #기억

세월호의 진실과 아픔. 사진사, 잠수사, 살아남아 교사가 된 학생의 시선 등.

《우주의 집》(문이소 외, 사계절, 2020)

#SF #재미 #한낙원_과학소설상 #놀라운_상상력

인간과 대화를 나누는 동물, 우주정거장에서 태어난 소년, 젊음을 계속 유지할 수 있는 사람들, 투명한 모습으로 살아가는 존재, 시간과 기억의 공간에서 갇혀 있는 사람 등 다양한 등장인물이 등장.

《회색인간》(김동식, 요다, 2017)

#독특 #몰입도_최고 #인간의_본성 #풍자

미래세계, 가상현실, 인조인간, 영생… 독특하지만 재미있고, 가볍지만 결코 가볍지 않은 이야기.

소설 읽고 친구들과 책 대화하기
교사가 대화의 틀을 짜줘야 한다

소설을 읽은 후, 읽은 내용을 바탕으로 친구들과 대화를 해보는 것은 학생들의 소설 감상 능력을 키우는 데 큰 도움이 된다. 대화는 소설의 내용을 가볍게 확인하는 데서 출발해 점차 감상의 깊이를 더하는 방향으로 수준을 높여가는 것이 좋다.

작가는 주제 구현을 위해 정교하게 인물을 설정하고, 이들로 하여금 소설이라는 무대에서 상징적인 의미가 있는 행동을 하게 한다. 분량이 짧은 장르라 하더라도 초보 감상자인 청소년은 단편소설 서사의 이러한 내적인 의미를 정교하게 파악하지 못하는 경우가 많다. 실제로 단편소설을 읽고 나누는 모둠 대화를 잘 들어보면, "아, 그래서 이 장면에서 ○○가 이 말을 한 거야?"라는 식의 반응을 보이며 자신이 놓친 장면의 의미를 새롭게 이해하는 모습을 많이 발견할 수 있다.

또한 풍성한 독서 토의는 인물의 성격이나 사건에 대해서 사람마다 다른 해석이 가능하다는 것을 알게 한다. 마치 성냥개비를 하나씩 네 변에 교차해 쌓아올리다 보면 높은 탑이 만들어지듯, 자신이 읽은 내용에 대한 반응을 하나씩 내놓아 점점 수준을 높여가며 작품에 대한 이해를 더하게 된다. 그리고 이런 경험으로 학생들의 사고의 폭은 확장된다.

독서 토의가 밀도 있게 흐르려면 교사가 대화의 틀을 잘 짜주는 것이 중요하다.

우선 드라마를 보고 가볍게 수다를 떨듯, 소설의 내용을 확인하는 것에서 출발한다. 읽은 소설에서 인상적인 부분을 고르고 그 이유를 적어본 다음 이를 모둠 내에서 말하게 하는 식이다. 이렇게 말문을 튼 다음, 이를 바탕으로 소설의 줄거리를 정리해본다. 이 과정에서 학생들은 자신이 놓친 장면이나 이해하지 못한 인과 관계, 그리고 미처 주목하지 못한 인물의 심리나 사건의 의미를 서로 묻고 답하면서 서사의 의미에 대한 이해를 넓혀간다.

마지막으로 감상에 깊이를 더하는 단계로, 소설을 읽고 궁금한 점이나 공감이 가는 점, 동의하기 어려운 점 등을 질문 형태로 만들어 소설의 의미를 깊이 있게 음미해보는 토의를 진행한다.

이와 같은 독서 토의 수업의 구체적인 단계별 흐름은 다음과 같다.

첫 시간에는 모둠 내 1번 좌석에 앉은 학생부터 차례대로 한두 문단씩 돌아가면서 소설 전체를 읽는다(낭독은 온라인 수업에서도 힘을 발휘하는데, 친구의 소설 낭독은 자칫 흐트러지기 쉬운 주의력을 유지하게 해주고, 함께하고 있다는 느낌을 주기에 충분하다). 이때 반드시 인상적인 문장에 밑줄을 치며 읽으라고 안내한다. 이렇게 능동적으로 밑줄을 치며 읽어야 이후에 이어지는 모둠 대화에서 무엇을 해야 할지 몰라 맥 놓고 있는 것을 방지할 수 있다. "밑줄 치며 읽으면, 한 번 읽으면서 두 번 읽는 효과를 낼 수 있단다"라고 강조하면 잘 따른다.

인상적인 문장이 뭔지 몰라서, 또는 아직도 습관이 되어 있지 않아 여전히 소극적으로 읽는 학생들에게 수시로 "오 중요한 사건이군!", "이 인물의 처지에 공감이 가!", "캬~ 멋진 문장이야!" 싶은 대목이 나오면 펜을 들어 밑줄을 치라고 강조한다. 모둠 내 소설 낭독으로 한 시간이 훌쩍 간다(온라인 수업일 경우, 단편소설에 형광펜 표시나 색깔 펜 흔적이 나오는 사진을 찍어 파일로 제출하게 해 수업에 성실히 참여했는지 확인하는 용도로 활용할 수도 있다).

둘째 시간에는 인상적인 부분(문단)을 각자 3개씩 고르고 그 이유를 쓴다. 문장이 아니라 문단, 즉 소설의 한 부분이 되어야 한다고 강조하고, 고른 이유에 대해 갖춘 문장 형태로 쓰라고 요구해야 한다. 다 표시했으면 모둠 내에서 이를 발표하는 시간을 갖는다. 인상적인 문단과 그것을 고른 이유를 공유하는 것이다. 이 과정에서 조금씩 자기 의견을 말하는 연습을 할 수 있으며, 초보적으로나마 생각을 교류한 학생들이 차차 줄거리 토의로 나아갈 수 있게 된다. 그리고 이렇게 오간 이야기를 바탕으로 소설에서 주인공에게 무슨 일이 일어났는지를 다섯 문장으로 정리해본다. 그냥 '소설의 줄거리를 정리'하라고 하면 어려워하니, 이 질문을 학생들 흥미와 눈높이에 맞게 바꿔 만들어본 것이다. 이 과정에서 학생들 사이에 많은 사실 확인 질문이 일어난다.

세 번째 시간에는 본격적인 소설 감상 토의로 나아가 본다. '소설을 읽고 궁금한 점, 공감 가는 점, 동의하기 어려운 점' 등을 질문 형태로 각자 2개 이상 만든다. 그리고 이를 모둠별로 모두 모아서(총 8개) 그중 가장 좋은 질문을 3개 선정한다. 이때 자신이 미처 이해하지 못한 '소설 속 숨겨진 의미'를 생각해보는 데 도움이 될 것 같은 질문을 선정하라고 안내하면, 단편적인 질문은 자연스럽게 피하게 된다. 이렇게 선정한 질문 3개에 대해 토의를 하면서 답을 찾아 나가는 과정은 소설의 의미를 깊이 있게 음미하는 과정이 된다. 자신이 읽은 소설을 깊이 있게 이해하기 위해 교사가 특별히 고안한 '보물 질문'을 준다고 하면 더욱 학습에 속도를 낼 수 있다.

이때 선정된 질문만 적을 뿐 이야기 나눈 결과는 적지 않아도 된다고 하면, 필기하느라고 제대로 이야기를 나누지 못하는 일을 피할 수 있다는 장점이 있다. 반대로 이야기 나눈 내용 중 중요하다고 생각하는 내용을 기록해보라고 하면 그 내용을 바탕으로 차후에 더 높은 단계 활동으로 나아갈 때 발판으로 삼거나, 기록 자체를 평가에 포함할 수 있다는 장점이 있다. 독서 토의의 활성화 정도와 교사의 평가 초점에 따라 적절히 선택해 활용하는 게 좋겠다.

1. 이 소설에서 가장 인상적인 부분(문단)을 3개 골라 표시하고, 그 이유를 적어봅시다.
2. 1번에서 공유한 내용을 바탕으로 이 소설의 줄거리를 다섯 문장으로 요약해봅시다.
3. 이 소설에서 궁금한 점, 공감 가는 점, 동의하기 어려운 점 등을 생각해 질문 형태로 적어봅시다. (개인이 각자 2개 만들기)
4. 모둠원이 낸 질문 중에서 이 소설을 깊이 있게 이해하는 데 큰 도움이 된다고 생각되는 질문을 3개 선정합니다. 아래에 선정된 질문을 적고 이야기를 나눠봅니다. (모둠 토의하여 3개 선정하기)

활동 정리는 "이 소설로 독서 토의를 하고 나서 내가 새롭게 알게 된 것은…"으로 시작하는 600자 정도의 보고서를 쓰는 것으로 충분하다. 책 읽고 쓰라고 하면 보통 떠올리는, 줄거리에 감상이 덧붙은 일반적인 독후감상문이 아니라, 문장 첫머리에 적힌 그대로 이 소설을 읽고 토의를 함으로써 자신이 새롭게 알고 느낀 것 위주로 정리하게 하면, 다른 친구들과 토의를 통해 얻게 된 내용을 확인할 수 있다.

　모둠별로 각기 다른 단편소설을 읽고 수업을 한다면 수업의 다양성을 꾀할 수 있다. 아무리 좋은 소설이라 하더라도 각자의 관심사, 경험의 양과 범위, 읽기 능력, 배경지식, 주의 집중 시간 등이 다른 학생들 모두가 즐겨 읽고 이해할 작품이 되기는 어렵다. 그러다 보니 학급 전체가 같은 작품으로 수업을 진행할 경우, 학생 참여를 이끌어낼 방안을 특별히 고민하여 마련하지 않는 한, 교사가 설명 위주로 진행하다 가끔 질문을 던지는 형태가 되고 만다. 이 경우 반응하는 학생은 극소수에 머무르기 쉽다.

　따라서 소재나 문체가 다양한 단편소설 여럿 중에 하나를 학생들이 선택하고, 같은 소설을 읽은 학생끼리 모둠으로 독서 토의를 할 기회를 주면 작품에 대한 이해를 깊이 할 수 있다. 개별성과 깊이라는 두 마리 토끼를 잡을 수 있는 것이다. 또한 자신이 읽은 작품으로 대화 기회를 가진 학생들은 독서에 대한 호감도가 높아지기 때문에 다른 작품에 대한 관심, 스스로 찾아 읽으려는 태도까지 길러줄 수 있다.

만약 온라인으로 이런 단편소설 독서 토의 수업을 진행한다면 어떻게 해야 할까? 여러 차시를 연계하여 활동식 수업을 전개하는 프로젝트 수업을 온라인으로 진행하려면, 교실에서 그 활동 방식을 한 번 정도 훈련해보는 것이 시행착오를 줄일 수 있다.

온라인 수업은 기본적으로 학생들이 각자 집에서 혼자 접속해 참여하다 보니, 수업 중에 놓치는 부분이 있을 때 힌트를 얻을 만한 데가 극히 적다. 교실이라면 곁눈질로 짝이나 다른 모둠을 보면서, 미처 알아듣지 못한 교사의 안내도 이해하며 어느 정도 학습 속도를 유지할 수 있는 반면, 온라인 수업 상황에서는 그런 힌트도 없고, 눈짓으로 교사에게 질문을 하기도 어려운 것이다. 그러므로 독서 토의 수업을 온라인 수업에서 할 계획이라면, 먼저 교실 수업에서 작품 하나를 공통으로 읽은 후 교사의 안내에 따라 모둠별로 독서 토의를 해보고, 이 방식을 그대로 온라인에서 전개하는 식으로 수업을 설계한다.

어휘력부터

'왜 그랬을까'

토의까지

새롭게 읽는
교과서 소설

소설 읽을 때도 '단어장'이 필요하다
소설은 낱말밭, 소설 읽기는 어휘력부터

지금까지는 모두 교과서 바깥의 다양한 작품으로 소설 교육을 하는 모습을 살펴보았다. 그렇다면 교과서에 실린 소설은 어떻게 다루면 좋을까?

교과서에 실린 소설로 하는 수업은 일단 교사가 별도로 준비하지 않아도 학생 모두의 손에 같은 작품이 들려 있다는 것이 가장 편리한 점이다. 교과서에는 작품 본문만 실리는 것도 아니다. 읽기 능력이 다소 부족한 학생들이 적절히 도움받을 수 있는 낱말 뜻과 삽화도 그냥 놓치기는 아깝다. 이러한 재료들을 잘 활용하면 교과서 소설로 하는 소설 교육만의 강점이 창출된다.

다만, 교과서에 실린 소설은 대개 문학사적으로 가치가 높다고 검증된 작품이지만, 문학 독해 능력이 떨어지는 학생들의 공감과 이해를 쉽게 얻어낼 만한 시대 배경이나 인물 특성을 가진 작품들은 아니라는 점이 충분히 고려되어야 한다.

물론 학생들이 어려워하고 외면한다고 해서 교과서에 실린 소설을 무조건 건너뛸 일은 아니다. 어휘 퀴즈 등 정교한 도움닫기 장치를 마련해 교사 및 친구들과 함께 작품 감상을 하고 나면, 어려운 산 하나를 훌륭하게 넘은 것처럼 학생들의 소설 감상 능력이 훌쩍 성장하는 것을 확인할 수 있다.

사실 학생들의 어휘력 수준은 상상을 초월할 때가 있다. "하늘을 우러러 한 점 부끄럼이 없기를"로 시작하는 윤동주의 〈서시〉를 배울 때 '우러러'의 뜻을 묻는 고1 학생이 있는가 하면, 양귀자의 연작소설집 《원미동 사람들》 중 한 편인 〈일용할 양식〉의 등장인물 '고흥댁'(김포슈퍼와 형제슈퍼의 출혈 경쟁 사이에서 제 잇속을 차리던 주민)이 사람 이름(성이 '고'씨이고 이름이 '흥댁')인 줄 아는 중3 학생이 있다. 모두 내 소설 수업 속의 실제 학생들이었다.

물론 이런 낮은 어휘력을 가진 학생들이 스스로 자신을 드러내는 경우는 거의 없다. 일방적으로 진행되는 수업의 흐름에 그냥 묻어갈 뿐이다. 그런데 적극적으로 자신을 개방하는 것이 장려되는 수업 분위기가 형성된다면, 툭 하고 자신의 존재를 드러내곤 한다. 그 순간 교사는 작품을 사이에 두고 학생들과 교사

사이의 이해가 얼마큼 서로 멀어져 있을 수 있는지, 있는 그대로 알 기회를 얻는다. 문학 작품 감상에서 어휘력이 얼마나 중요한 바탕돌이 되는지, 단어나 문장에 관심을 기울이지 않은 채 검은 것은 글자요 흰 것은 종이라는 식으로 수동적으로 읽어 내려갈 때 얼마나 많은 것을 놓치게 되는지를 느끼는 교실의 분위기가 중요하다.

독해 연구에 따르면, 모국어로 된 책을 읽을 경우, 잘 모르는 어휘가 30퍼센트 이내일 때 '맹렬한 어휘 추측' 게임이 일어나면서 자연스럽게 어휘력이 확장된다고 한다. 반대로, 모르는 어휘의 양이 30퍼센트를 넘어가기 시작하면 읽은 내용을 이해하기가 어려워지는 것이다. 학생들과 교과서 소설 수업을 할 때 나는 이 연구 결과를 꼭 들려준다. 소설 속 모르는 단어가 30퍼센트가 넘어가기 시작하면 여러분은 읽어도 읽고 있는 게 아니라고 말이다.

재밌는 영상을 보고 있는데 와이파이가 자꾸 끊기면 영상에 버퍼링이 생겨 짜증이 나는 것처럼, 소설을 읽지만 모르는 어휘가 많으면 사건과 사건, 인물의 감정과 행동, 인물 간의 대화 등이 토막토막 끊겨 우리의 뇌는 점점 흥미를 상실하게 된다고. 그러니 교과서 속 소설을 읽다가 재미가 없어지거든, '아 난 역시 책이랑은 안 맞아'라고 생각하며 엎드릴 게 아니라, '이 소설 속 내용을 내가 이해하지 못하고 있는 게 아닐까?' 의심해보라고 말이다.

이때 교사가 미리 선별해둔 소설 속 단어들을 '단어장' 형식으로 제시하면 학생들의 관심을 크게 끌 수 있다. 학급에서 성적이 하위 30퍼센트인 학생들을 계속 떠올리면서 교과서 속 소설을 여러 번 읽으며, 그들이 모를 만한 단어를 골라 '단어장'을 만들었다가 제시하는 것이다.

이렇게 교과서 소설로 '단어장'을 만들 때면 언제나 느끼는 것이지만, 교과서 소설에 학습 도움용으로 실리는 낱말 풀이 자료는 단어 선별 단계 때부터 학습자에 대한 좀 더 세심한 연구가 필요하다는 생각이 든다. 어휘력이 낮은 청소년들이 모를 만한 단어를 충분히 떠받쳐 줘야 하는데 그 부분에 대한 고민이 부족하기 때문이다. 어렵다 싶은 단어를 너무 기계적으로 선별한 나머지 해당 소설을 벗어나면 큰 쓰임이 없는 한자어가 지나치게 많다거나, 반대로 쉬운 단어라 하더라도 요즈음 청소년의 생활 범위에서는 벗어나 자연스럽게 습득하기 어려운 단어를 지나치기도 한다. 소설에서만 찾아볼 수 있는 풍성한 표현력의 형용사와 부사 등을 잘 살리지 않고 건너뛸 때도 너무 많다.

독해에서 어휘력이 차지하는 중요성을 알기 쉽게 설명해주고 소설 수업을 하면, 학생들 역시 그 의미를 각인하게 된다. 읽기에 집중하지 못하는 자신에 대해 '책이 재미없어서'라는 식의 게으른 핑계를 대고 넘어가는 대신, 스스로 적극적으로 임하게 되는 것이다. 소설이야말로 낱말밭이기에, 어휘력이 약하다면 더욱 더 소설 읽기 시간을 활용해 자신의 어휘력을 획기적으로 향상시킬 수 있음을 알려주었기 때문이다.

아무리 단순한 소설도 시간순으로 평면적으로 전개되지 않는다는 점을 고려할 때, 문맥 파악마저 놓치는 독자라면 시공간을 오가는 구성의 의미를 충실히 이해하기란 더욱 어려울 것이다. 깊이 있는 감상을 위해서도 어휘력은 어쨌든, 중요하다.

'훑어 읽기'부터
'왜 그랬을까' 토의까지

소설 감상 5단 도움닫기

교실에는 자기 나이에 걸맞은 어휘력을 갖추지 못한 학생도 많고, 문화적 경험도 크게 차이 나는 학생들이 앉아 있다. 자신이 경험한 일상을 넘어선 시대와 세계, 인물 군상을 담은 소설을 읽고 모두가 일정한 수준의 이해에 도달할 수 있으리라는 기대 자체가 애당초 무리인 이유다. 그래서 교과서 소설로 학생 전체의 문학 감상 능력을 일정 수준 이상으로 끌어올리고자 할 때는 정교한 도움닫기 장치가 필수다. "훑어 읽기―어휘 퀴즈―꼼꼼히 읽기―줄거리 이해―'왜 그랬을까' 토의"로 이어지는 소설 감상 5단 도움닫기에 대해 상세히 알아보자.

훑어 읽기

소설은 낱말밭이다, 소설가야말로 우리말을 지키는 파수꾼이니, 이들의 도움을 받아 우리말의 다채로운 표현력에 푹 빠져보자고 얘기한 후 교과서에 실린 소설을 훑어 읽게 한다. 적어도 한 교실에서 3분의 1 정도는 어휘력 부족, 빈곤한 독서 경험과 문화적 배경지식으로 인해 교과서 소설을 끝까지 읽을 수 있는 준비가 되어 있지 않다는 점을 감안한다. 소설을 읽되, 처음에는 읽으면서 자신이 모르는 단어에 동그라미 표시를 하는 정도로 가볍게 훑어 읽게 하는 것이다.

다 읽었으면 손을 들어 간단히 의사 표시를 하게 하고, 교사가 좌석표에 그 학생을 표시해가면 학생들이 더 적극적으로 수업에 참여하는 모습을 확인할 수 있다. 이렇게 모든 학생이 끝까지 한 번 훑어 읽었으면 자신이 동그라미 표시한 낱말의 뜻을 찾아 적게 한다. 이때, 혼자 다 찾기보다는 소설을 4등분하여 분담해서 찾게 한 후 서로 가르쳐주는 시간을 주는 게 효과적이다.

그런데 단어의 뜻을 찾아 적기만 하면 내 어휘가 될까? 물론 그렇지는 않지만, 그렇다고 영어 단어 외우듯 뜻을 암기해야 하는 것도 아니다. 새로 뜻을 안 단어를 외우지 않아도 모국어이기 때문에 맥락 속에서 충분히 습득이 가능하다. 새로 배운 단어가 어떤 문맥 안에 놓이는지 학생들이 한 번 확인하는 것만으로도 자신의 어휘가 된다는 것이다. 물론 단어의 뜻을 찾되 그 단어가 소설의 어느 문장에 위치하는지가 연관 학습되어야 한다.

"단어에 유의하여 모르는 단어가 나오면 표시하며 읽으라"고 지시해도, 무언가를 메모하며 능동적으로 읽는 습관이 안 되어 있는 학생들이 많기 때문에 제대로 수행되지 않는 경우도 있다. 특히 어휘력이 낮아 더 필요한 학생일수록 덜 수행한다. 이런 경우 뜻을 찾은 다음, 그 단어가 어디에 위치하는지 교과서에서 찾아 형광펜으로 칠해두라고 콕 집어 지도해주는 게 좋다.

또 교사가 미리 준비한 '단어장'을 활용하면, 최소한 무슨 단어를 찾아야 좋을지 모르겠다는 듯 멀뚱한 얼굴의 학생들을 만나지 않을 수 있다. 단어장은 이처럼 한 번 '훑어 읽기'를 한 후에 두 번째 읽기인 '꼼꼼히 읽기' 들어가기 전에 학생들의 어휘력을 보충해주는 용도로 사용한다.

그런데 경우에 따라서는 '훑어 읽기'에 들어가기 전, 이 단어장 중에 뜻을 잘 모르는 단어를 형광펜으로 칠해보고 몇 단어나 되는지 적어보라고 하는 용도로 활용해도 좋다. 모르는 단어의 개수가 30퍼센트가 넘는 사람은 손을 들어보라고 하면 부끄러워서 소극적으로 반응하니, 거꾸로 모르는 단어의 개수가 30퍼센트 이내인 사람이 손을 들라고 하는 게 좋다. 이를 통해 자신이 가르치는 학생들의 독해력이 이 소설을 다루기에 어느 정도 충분한지도 손쉽게 확인할 수 있다.

여러 소설로 이 수업을 해본 결과, 교과서 소설에서 추출한 단어 중 뜻을 모르는 단어가 30퍼센트가 넘는 학생은 늘 3분의 1을 초과하였으며, 때로 3분의 2가 넘는 경우도 많았다. 사실 학생들이 일상생활에서 자연스럽게 습득하는 단어의 양과 범위는 그렇게 폭넓지 않다. 학년이 올라갈수록 어려운 개념어들을 배우기에 어휘력이 어느 정도는 향상된다 하더라도, 학습에 필요한 개념어와 소설 속 다채로운 어휘들은 범주가 또 다르기에 이런 현상은 그리 쉽게 역전되지 않는다.

단어의 뜻을 찾아 쓸 때 용언은 괄호 안에 기본형도 함께 쓰게 하거나, '모깃불, 멍석, 중절모' 등과 같이 사진 한 장이 사전의 뜻풀이보다 더 많은 정보를 전해줄 수 있는 단어의 경우에는 교사가 미리 그림을 준비하는 등 세심하게 설계하는 것이 수업의 효과를 확실히 높여준다. 사전에 단어 뜻이 여러 개 나오는 경우 무턱대고 맨 위에 실린 뜻을 선택하는 학생들도 꽤 있으므로, 반드시 소설 문맥 속에 넣어보라고 안내해주어야 한다.

1. 소설은 낱말밭!!! 소설가는 우리말을 지키는 파수꾼! 소설을 읽으며 우리말의 다채로운 표현력에 푸욱 빠져보자! <종탑 아래에서>를 읽으면서 자신이 모르는 단어에 O 표시를 하라.

2. 그 단어의 뜻을 찾아 아래 칸에 쓰라. 용언은 (   ) 안에 기본형도 함께 쓰라. (*표시는 교과서에 뜻이 나왔으니 보고 쓸 것)

	단어	뜻풀이
예	궁색하게(궁색하다)	아주 가난하다.
1		
2		

어휘 퀴즈

새로 익힌 어휘들이 소설을 이해하는 데 활용될 수 있도록, 이제 기회를 줄 차례다. 어휘 퀴즈는 소설의 문장을 예문으로 계속 노출하면서 새로 익힌 어휘의 뜻을 자연스럽게 익히게 해주므로 큰 도움이 된다.

교사가 조금만 품을 팔면 간단히 어휘 퀴즈를 제작할 수 있다. 소설에서 미리 선별해둔 어휘의 뜻을 한 페이지에 한 단어씩만 들어가도록 큼지막하게 한글 파일로 정리해둔다. 교실의 멀티미디어를 통해 페이지를 넘겨가며 한 단어씩 제시하면 쉽게 어휘 퀴즈 화면을 만들 수 있다(자료10의 소설 '단어장'을 바탕으로 만든 '어휘 퀴즈'용 슬라이드 파일을 책따세 홈페이지의 저작권기부운동 게시판에 탑재해두었다).

해당 어휘의 뜻만 제시하여 어휘 퀴즈를 내는데, 답을 맞히지 못하면 소설 속 예문을 추가로 노출하는 식으로 제시하면 더 좋다. 궁금함 때문에 훨씬 잘 집중할 뿐 아니라, 소설 이해를 위한 어휘 학습이라는 활동 목표에 더욱 근접할 수 있기 때문이다. 모둠 대항 퀴즈 형식을 이용하면 흥미를 더 자극해 학습 효과를 높일 수 있다.

모둠 대항 어휘 퀴즈 수업을 진행하는 요령은 이렇다. 4인 1조 모둠으로 좌석 배치를 한 후 모둠원에게 1번부터 4번까지 좌석 번호를 부여한다.

1번 문제가 나가기 전에 각 모둠의 1번 선수들이 일어난다. 교사가 문제를 내면 서 있는 1번 선수 중에서 손을 들어 단어를 말하는 방식이다. 2번 문제가 나가기 전에는 각 모둠의 2번 선수가 일어나서 답을 할 준비를 한다. 이와 같은 방법으로 각 모둠에서 1명씩 공평하게 돌아가며 답을 할 수 있게 기회를 부여하는 것이다. 미리 진행을 맡을 학생을 한 명 정해두어, 각 문제의 답변이 끝난 후 정답 단어를 칠판에 적도록 하면 좋다.

꼼꼼히 읽기

이제 모든 학생들이 어느 정도 교과서에 실린 소설을 즐기며 읽을 준비가 되었다. 어휘력이나 문화적 경험의 차이에서 오는 격

차가 어느 정도는 해소되었기 때문이다. 사전을 뒤적이며 소설 속 단어를 찾아보기도 했고, 어휘 퀴즈를 통해 어휘력 차이를 실감하면서도 재미있게 새 어휘를 익힌 학생들은 "이제 본격적으로 너희의 소설 감상 실력을 올릴 순서"라는 교사의 제안에 호의를 표한다. 다음에는 어떤 일이 벌어질까, 제법 기대감을 갖는 것이다.

그런데 소설을 한 번 더 꼼꼼히 읽겠다는 말이 이어지면, 그 기대가 금세 심드렁함으로 바뀔 수 있다. 같은 소설을 한 번 더 읽는 데 거부감을 갖는 것이 느껴진다면 "최고의 비평은 여러 번 읽는 데서 나온다는 점, 최고의 영화평론가는 세 번 이상 영화를 보고, 최고의 문학평론가는 세 번 이상 소설을 읽으며, 선생님은 이 수업을 위해 네 번 이상 이 소설을 읽었다"는 이야기를 들려주며 동기를 부여한다. 최고의 비평이 여러 번 읽는 데서 나온다는 말은 절대 과장이 아니니, 교사 스스로 먼저 자신감을 가질 필요가 있다.

학생들이 가장 쉽게 실천할 수 있는 꼼꼼히 읽기는 '밑줄 치며 읽기'다. 그런데 막연히 "중요한 부분에 밑줄을 치며 읽으라"고 하면 어디에 밑줄을 칠지 잘 모르기도 하고, 능동적으로 글을 읽어본 경험이 적은 학생들에게는 흥미가 떨어지는 지시가 되기 쉽다. 그러므로 소설의 특성에 맞게 어디에 밑줄을 치며 읽으면 좋을지, 이 부분 역시 교사가 고민해두는 것이 좋다.

예를 들어 윤흥길의 〈종탑 아래에서〉를 읽을 때는, ▷'나'의 현재 마음 상태(감정, 생각 등)나 성격적인 특징을 알 수 있는 문장, ▷'명은'이 '눈뜬장님'이라는 것이 드러나는 문장, ▷'명은'의 현재 마음 상태(감정, 생각 등)를 알 수 있는 문장에 밑줄을 치라는 식이다. 전쟁의 피해로 눈뜬장님이 된 소녀 '명은'의 고통을 소년 '나'가 이해하고 위로하고자 하는 과정을 따라가는 것이 주요 서사 흐름이기 때문이다.

또 양귀자의 〈일용할 양식〉이라면, ▷김포슈퍼 '경호 아버지', 형제슈퍼 '김 반장'이 소개된 부분과 그들의 마음을 알 수 있는 부분, ▷동네 사람들의 심정을 짐작할 수 있는 부분에 밑줄을 치라고 하면 좋을 것이다. '일용할 양식', 즉 생계를 해결하기 위해 이웃이지만 경쟁 관계에 놓인 '경호 아버지'와 '김 반장'의 고충을 느끼는 것, 그리고 원미동 주민들 모두가 그러한 변두리 도시민의 팍팍함 속에서 삶을 영위하고 있다는 것을 읽어내는 게 이 소설의 감상 포인트이기 때문이다.

이렇게 밑줄을 치며 '꼼꼼히 읽기'를 하다 보면 개인차가 많이 발생한다. 교사의 안내를 잘 수행하면서 이야기의 인과 관계와 인물의 감정, 문제와 그 해결 과정 등을 면밀히 따라가며 읽는 학생이 있는가 하면, 여전히 사건의 전개를 표피적으로 따라가는 정도로만 읽는 학생이 있다. 그 차이가 소설 감상의 수준 차이를 만든다.

꼼꼼히 읽기 단계에서 좁혀지지 못한 소설 이해도의 차이는 이어지는 독서 토의를 통해 좁혀질 수 있다. 같은 소설을 읽은 친구들과 줄거리 이해를 위한 대화를 나누고, '왜 그랬을까' 하는 질문으로 토의를 하면서 소설 감상의 폭을 넓히는 것이 이 수업의 설계 의도다.

줄거리 이해

한 편의 소설을 두 번 읽은 학생들은 이야기를 스스로의 관점에서 해석하고 그 의미를 자신의 삶에 비추어볼 기초적인 준비를 마친 상태다.

우선 소설의 내용을 사건의 연쇄 중심으로 이해하는 '사실적 이해'부터 마치는 것이 좋겠다. 이를 위해 교사는 소설의 사건 및 인물과 관계된 중심 단어를 스무 개 정도 설정한다. 그리고 이를 활용해 소설의 줄거리를 열 문장 정도로 완성하게 한다. 그런데 처음부터 줄거리를 작성하라고 하면 몹시 어려워하기 때문에, 처음에는 중심 단어 중 한 번에 세 개 이상 골라 소설의 내용과 일치하는 문장을 작성하라는 정도의 안내만 주는 것이 좋다. 그렇게 중심 단어 스무 개가 모두 한 번 이상 활용되도록 열 문장을 쓰면 자연스럽게 소설의 줄거리에 가까워진다.

지시한 내용을 쉽고 정확하게 이해하도록 하려면 첫 문장은 교사가 만들어주는 것도 좋다. 중심 단어를 활용해 소설 속 내용과 일치하는 문장을 만드는 활동은 학생들 사이의 대화를 어렵지 않게 촉진한다. 선뜻 답하기 어려운 문제도 아니고, 읽은 부분을 뒤적이며 인상에 남아 있는 내용을 문장으로 만들면 되니 입을 떼기가 쉽다. 또한 친구들과 협력하면 '1+1=2' 식의 단순 합 이상의 경험이 일어나기에 "아하, 그게 그 얘기구나" 하는 반응이 나오는 것도 자주 볼 수 있다. 이해되지 않았던 소설의 어느 한 부분이나 사건 사이의 인과 관계가 친구들이 제시하는 문장을 들으며 자연스럽게 파악되는 순간 이런 반응이 튀어나온다.

소설에 나오는 사건의 전개를 따라가기에 급급했던 학생들은 이 '줄거리 이해' 대화 시간에 얻어가는 것이 많다. 소설을 중요 문장 중심으로 해설하는 수업을 듣는 것으로는 쉽게 얻기 힘든 문학 독서 체험이라 할 것이다.

1. 다음에 해당하는 내용이 나오면 밑줄을 치면서 <종탑 아래에서>를 한 번 더 읽어보라.

① '나'의 현재 마음 상태(감정, 생각 등)나 성격적인 특징을 알 수 있는 문장

② '명은'의 현재 마음 상태(감정, 생각 등)를 알 수 있는 문장. 눈뜬장님이라는 것이 드러나는 문장

2. 다음 낱말을 활용하여 아래에 <종탑 아래에서>의 줄거리를 완성하라.
(10문장 정도)

'나', 관사, 명은, 소녀, 눈뜬장님, 놀라다, 관심, 퇴원, 전황, 충격, 종, 딸고
만이 아버지, 화해하다, 교회, 백마 이야기, 소원, 방해, 성공, 울음소리,
울려퍼지다

'나'는 어느 날 하굣길에 군청 관사 정원을 지나다가 '명은'을 처음 보게 된다.

※**줄거리 쓰기가 몹시 어려운 모둠은** 다음을 먼저 해보면 도움이 된다.
아래 예처럼 단어 3개 이상 골라 소설 속 문장과 일치하는 문장을 쓰라.
(10문장 정도) 이때 위에 제시된 단어를 골고루 활용하는 것이 좋다.

① '나'는 어느 날 하굣길에 군청 관사 정원을 지나다가 '명은'을 처음 보게 된다.

'왜 그랬을까' 토의

서서히 교과서 소설 수업이 대단원을 향해 나아간다. '줄거리 이해' 대화를 하며 소설에 대한 사실적 이해가 이루어진 학생들은 이제 작품을 주체적으로 해석하면서 자신만의 심미적 경험을 쌓는 것으로 나아갈 수 있다.

소설 속의 사건은 일상의 사건과 다르다. 소설 속 사건이란 일상에서 일어나는 크고 작은 무수한 사건 중 주제 구현을 위해 필요한 사건을 골라 작가가 의도적으로, 질서정연하게 배치한 것이기 때문이다. 단 하나도 우연히 그냥 일어나지 않는, 작가의 의도가 담긴 사건들에 이제는 '왜 그랬을까?'라는 질문을 던져보자. 이 질문을 통해 독자는 소설의 의미에 대한 '추론적 이해'로 나아갈 수 있다.

이 단계는 앞의 어느 단계보다도 교사의 '비평적 시선'이 절대적으로 작용한다. 교과서의 학습활동 중 주제와 관련된 질문만을 골라 학생들에게 제시해도 좋겠지만, 그래서는 살아 펄떡이며 학생들 가슴으로 꽂히는 발문을 던지기 어렵다. 어떻게 하면 학생들의 감성과 호기심을 자극해 비평적 사고로 나아가도록 이끄는 체계적인 발문을 던질 수 있을까?

우선 교사 자신이 소설을 여러 번 읽어보며 작품의 주제와 구조를 관통하는 핵심 장치가 무엇인지 고민해보는 게 좋겠다.

이 장치를 발문 형태로 만들면 '왜 그랬을까' 토의의 주제가 된다. 소설 속 사건들에 '왜 그랬을까'라는 질문을 던져 작품에 대한 해석을 유도하는 수업의 전략은 안석재 선생님(《문학 수업의 길 찾기》, 나라말, 2010)에게서 배웠다.

〈종탑 아래에서〉(윤흥길)를 예로 들면 이렇다. 작품의 배경은 한국전쟁 당시 전라북도 익산 시내다. '나'는 직접적으로 참혹하게 전쟁의 피해를 입은 '명은'과 같은 시대를 살았지만 전쟁의 영향을 조금씩 다르게 받았는데, 이 점은 소설의 주제와 구조를 관통하는 핵심 장치가 된다. 이를 놓치지 않고 비교하며 각 인물의 감정에 감응하는 것이 작품을 깊이 읽는 방법이므로, 이를 '왜 그랬을까' 토의의 주제로 반영하면 작품 감상의 중요 길목이 될 것이다.

하나 더 꼽자면, 거의 모든 소설이 그러하듯 이 소설 역시 마지막 장면이 매우 인상 깊게 처리되어 있다.

그 어느 때보다 기운차게 느껴지는 종소리가 어둠에 잠긴 세상 속으로 멀리멀리 퍼져 나가고 있었다. 명은이 입에서 별안간 울음이 터져 나오기 시작했다. 때때옷을 입은 어린애를 닮은 듯한 그 울음소리를 무동 태운 채 종소리는 마치 하늘 끝에라도 닿으려는 기세로 독수리처럼 높이높이 솟구쳐 오르고 있었다.

뎅그렁 뎅 뎅그렁 뎅 뎅그렁 뎅…….

미숙한 문학 독자라면 그냥 지나쳤을 이 장면을 여러 번 읽어보며 그 의미를 음미하고, 여기 표현된 인물의 감정에 공감하는 것 역시 이 소설 감상의 핵심이 될 수 있다.

이와 같이 소설의 주제와 구조를 관통하는 핵심 장치를 찾아, 이를 중심으로 좋은 발문을 던져 작품의 의미를 탐색하도록 토의를 촉진하는 것, 교과서 소설 수업을 통해 학생들의 문학 작품 감상 능력을 훌쩍 높일 수 있는 요령이다.

어휘나 시대 배경, 문화적 경험 등의 간극을 메워주지 않으면 문학적으로 가치가 높은 작품이더라도 학생들 스스로 감상하기란 어렵다. 교사의 섬세한 도움닫기 장치와 친구들과의 대화를 통해 깊이 있게 작품을 음미하는 모습, 그리고 그로 인해 한껏 고양된 교실의 풍경은 상상만으로도 즐겁다.

소설 속 사건은 단 하나도 우연히, 그냥 일어나지 않는다. 소설가의 의도가 담긴 소설 속 사건들에 '왜 그랬을까?'라는 질문을 던져보자. (토의가 잘 안 풀리면, 조용히 손을 들라)

1. 이 소설의 배경은 한국전쟁 당시 (전라북도) 익산 시내이다. 같은 시대를 살아도 명은과 '나'는 전쟁에 조금씩 다르게 영향을 받았다. 이를 비교하면?

2. '나'는 백마 이야기(163: 5~15)에 대한 명은의 반응을 보고 나서 명은의 마음을 더 깊이 이해하게 된다.

① 이야기 속 백마와 명은의 처지 사이에서 공통점을 찾아보라.

② 소설가가 백마 이야기를 소설에 집어넣은 의도는 무엇일까?

3. 다음은 이 소설의 결말이다. 함께 소리 내어 읽으라.

그 어느 때보다 기운차게 느껴지는 종소리가 어둠에 잠긴 세상 속으로 멀리멀리 퍼져 나가고 있었다. 명은이 입에서 별안간 울음이 터져 나오기 시작했다. 때때옷을 입은 어린애를 닮은 듯한 그 울음소리를 무동 태운 채 종소리는 마치 하늘 끝에라도 닿으려는 기세로 독수리처럼 높이높이 솟구쳐 오르고 있었다.

뎅그렁 뎅 뎅그렁 뎅 뎅그렁 뎅…….

---

① 이 장면에서 느껴지는 명은의 감정은? (명은의 입에서 별안간 울음이 터져 나온 이유가 무엇일까?)

② 소설가는 소설의 결말에 모든 것을 쏟아붓는다. "마치 하늘 끝에라도 닿을 듯 솟구쳐 오르는 종소리"가 여러분 마음속에도 울려 퍼지는가? 소설가는 명은, '나', 그리고 여러분(독자들)의 마음속에 어떤 생각이 남기를 바라고 결말을 이렇게 끝맺었을까?

소설 '단어장', 낱말들의 보물창고

모둠 내에서 단어 뜻 찾기 활동을 분담하기 쉽도록 4등분해 실었다.
교과서에 단어 뜻이 실린 단어는 *표를 두어 학생들의 이해를 도우면 좋다.
그림으로 뜻을 제시할 단어 앞에 √표를 했다.

<종탑 아래에서>(윤흥길)

① 환갑, 동기(同期), 모교, √모깃불, 다냥하게, √멍석, 에돌아, 잇대어, 벽보, 전황(戰況), 행인, 입성(入城), 도하(渡河), 중공군, 참전, 주장(酒場), 고두밥, 덤, 최전방, 북괴군, 승승장구, 속내, 당최, √중절모, 윽박지르는, 나뭇개비, 관사(官舍), 정갈하게, 행동거지, 햇솜, 대뜸, 서울내기, 대관절

② 달막거렸다, 담박질, 당달봉사, 눈뜬장님, 지에밥, 파하기, 실토정할, 무지렁이, 버꾸, 외갓집, 심드렁한, 노파, 진둥한둥, 줄행랑, 회가 동하지, 낯꽃, 말동무, 당부, 피란, 수복(收復), 이북, 홀아비, 주전부리, 시골뜨기, √차렵이불, 회동그라졌다, 우러름, 신떨음, 고부라졌다, 걸터들이기, 득의, 퍼더버리고, 해끔하게

③ 버르집어, 거반, 하릴없이, 먼산바라기, 다소곳이, 기별, 부산, 겨냥, 책망(責望), 도롱테, 시방, 앙바틈한, 비어졌다, 엉터리없이, 득의양양해서, 퍼벌하고, 찬탄, 조무래기, 그악스레, √굼벵이, 곱절, 생사고락, 얼김, 말갈망, 비낀, 시야, 그득, 귀엣말, 민머리, √알전구, 되우, 뻐겨

④ 중동, 동강, 건공중, 아첨, 매정하게, 요량, 대고, 호사스러운, 이목구비, 모지락스레, 검질기게, 비라리, 무단히, 도리머리, 재간, 밤마을, 고자누룩이, 자맥질하기, 연거푸, 밑동, 되똑, 귀먹쟁이, √절굿공이, 진저리, 되알지게, 가늠할, 기차 화통, 가새질러, 혼잣손, 무동

<황만근은 이렇게 말했다>(성석제)

① √경운기, 들일, 저물녘, √횃대, √평상, 이장, 소여물, 연장자, 축에 들다, 학식, 용왕제, 초하는, 연유, 집사, 우스개, 얼결에, 궐기 대회, 부채, 탕감, 촉구, 읍에 가 보니 장날이다(가는 날이 장날이다), 솔선수범

② 반동가리, 반편이, 귀농, 핏대를 세우다, 환갑, 종종걸음, 홀어머니, 조석, 지극정성, 공궤하니, 천생, 충동질, 객기, 부재, 변소, 분뇨, 곡식, 군말, 거름, 혼잣몸, 공평무사, 처사, 시비, 명약관화, 구태여, 유래, 여의고

③ 가사, 조손, 예사, √짚, 포정, 업, 이골이 나다, 이구동성, 막론하고, 염습, 산역, 우리, 도랑, 요동질, 때때옷, 공치사, 대처, 상 찡그리다, 연장, 일목요연, 애경사, 몰인정하다, 야박하다, 길섶, 어스름, 장년, √서리, 정한(情恨), 삼강오륜

④ 끼니, 무량, 부채, 소송, 파산, 연쇄, 야반도주, 통고, 핀잔, 한나절, 노름, √처마, 양식, 선심, 자처하여, 개의치 아니하다, 공(公), 감복시키다, 사직, 헌주, 낙천, 난세, 혹염 비루하지, 초지 일관, 엎디어

<일용할 양식>(양귀자)

① 난처하다, 딱하다, 단칸방, 무더위, 아랫목, 발갛다, 변소, 법석을 떨다, 눈요기하다, 대수롭지 않다, 일대의, 응당, 상호, 도약하다, 싸전, 쟁이다, 야망, 내외, 품팔이, 억척스럽다, 모난 데 없다, 두루뭉술하다, 부러, 수수팥떡, 시루, 팥고물, 옹색하다, 면하다, 벙싯벙싯, 귀띔, 기승, 일손, 지물포

② √해거름, 파리 날리다, 돈줄이 막히다, 돈줄이 붙다, 머리 싸매고 덤비다, 어림없다, 풍년, 조짐, 시방, 여의다, 응대하다, 신새벽, 눈코 뜰 사이 없다, 대견하다, 부식, 부리다, 망태기, 입간판, 싹싹하다, 대변자, 만물상, 기득권, 쪼들리다, 밭떼기, 뒷갈망, 수월찮다, 번연히, 관, 번질나게, 암암리, 옛정, 월등, 아랑곳 않다, 덕담, 인사치레

③ 입을 싹 씻다, 애꿎다, 팔다, 딴은 그러하다, 눈총, 이웃 간에 정만 난다, 공방전, 이판사판, 구설수, 노골적, 한 수 뒤처지다, 머퉁이, 고래 싸움에 새우등 터진다, 날씨가 맵다, 괴어오르다, 즐비하다, 물거품이 되다, 밑천, 밑천 잘라 먹기, 가내수공업, 데불다, 원단, 쟁이다, 필지, 성사시키다, 십상, 바늘 끝처럼 날카롭다, 운운하다, 김이 빠지다, 약조, 묘책, 입하, 산지, 원성

④ 공표하다, 도산매, 악심, 작당하다, 성이 차다, 악착스럽다, 구정, 대목, 금을 매기다, 다짜고짜, 말을 놓다, 눈먼 돈, 말본새, 어깃장, 어름하다, 심보, 칼날처럼 서늘하다, 살기등등하다, 악담, 앳되다, 애수, 몸을 사리다, 아옹다옹하다, 꽃샘추위, 으악새, 무르익다, 환담하다, 전파상, 구전, 샐쭉하다, 이웃 사이에 금이 가다, 우문, 푸지다

<수난이대>(하근찬)
① 아무개, 전사하다, 어깻바람, (용머리)재, 기적, 오정, 내리막, 오르막, 삼대독자, 노상, 주워섬기다
② 잰걸음, 고의춤, 선뜩하다, (사타구니)께, 도사리다, 주막, 연방, 농, 신작로, 장(거리), (한) 손
③ 미심쩍다, 양복쟁이, 궐련, 등골, 징용, 들창코, 봇짐, 고역, 공습, 질겁, 재차
④ 상이군인, 모질다, 야물다, 꼬락서니, 을씨년스럽다, 옷섶, 여편네, 거들빼기, 게트림, 기색, 외나무다리, 얼근하게

<사랑손님과 어머니>(주요섭)
① 끼니때, 예사, 금년, 과부, 동리, √초가집, √추수, √사랑방, 유복녀
② 외딸, 수선스럽다, √장지문, 살림, 보탬, 노파, 으레, 출입
③ 내외하다, 성나다, 분주하다, 골몰하다, √벽장, 파하다, 변, 앙갚음
④ 대, 보름, √반짇고리, 자리옷, 화냥년, 망측하다, √댕기, 이내, 고즈넉하다

<자전거 도둑>(박완서)
① 도매상, 점원, 어엿하다, 변두리, 전공, 깍듯이, 존대, 황공해하다, 호령, 어릿어릿하다, 허풍스럽다, 임자, 막돼먹다, 야학, 딱하다, 인석, 숙직, 혹사
② 나부랭이, 동하다, 셈, 평판, 육친애, 옴, √빈지문, 흉흉하다, 을씨년스럽다, 안달맞다, 들까불다, 비통하다, 포효, 횡액, 생경하다, 꽃망울, 유난하다, 고깝다, 뭉기적
③ 부리다, 수금하다, 악착, 공갈, 푼돈, 어림잡다, 되놈, 홑이불, 알싸하다, 벽력, 다분히, 연민, 적이, 공연히, 예기, √문지방, √검부러기, 질풍, 영락없다
④ 자초지종, 고해바치다, 회심, 간악하다, 신신당부, 빈들대다, 인편, 노쇠, 야위

다, 푸념, 무정하다, 웃더껑이, 윽박지르다, 몸서리, 화병, 정녕, 무관하다, 견제, 청순

※관용 표현: 벼락 맞을 노릇이다 / 평판이 자자하다 / 재수 옴 붙다 / 붙임성 있다 / 푼돈을 녹이다 / 목이 좋다

<나비를 잡는 아버지>(현덕)

① 간드러지다, 뜯기다, 나부랭이, 소학교, 값없다, 벌충, 하기휴가, 활동사진, 잡되다, 보통학교, 나래, 야트막하다, 뒤미처, 반색

② 앰하다, 변색, 마름, 외아들, 골, 맴, √수수밭, 모퉁이, √넝쿨, 결딴내다, 햇곡식, √개울, 벼르다, 우리다, 낭자하다, 자취, 업신여기다

③ √지게, 호리호리하다, 딴죽, √장독, 아씨, √뒤꼍, 이맛살, √호미, 도지, √말, 볼멘소리, 상기하다, 바깥사랑, 어쭙잖다, 안주인

④ 다조지다, 소견, 정자나무, √담뱃대, 무춤무춤, 보아주다, √동구, 축동, 갑절, 어버이, 도회, 고학, √메밀밭, √두덩, 머슴, 농립, 지척지척

※관용 표현: 땅을 파다 / 머리를 눌리다 / 땅을 부치다 / 땅이 떨어지다 /재수 옴 붙다 / 붙임성 있다

'왜 그랬을까' 토의,
질문들의 보물창고

다음 소개하는 '왜 그랬을까' 토의 질문들은 학생들이 작품을 주체적으로 해석하면서 자신만의 심미적 경험을 향해 나아가도록 사고를 열어주는 물음들로 이루어져 있다. 많은 선생님들이 이와 같은 기초 자료를 모아 공유하여 교과서 속 작품이 새롭게 수업 속에서 살아나는 계기가 되었으면 좋겠다. 탄탄한 문장과 구조를 갖추고 있어 소설 감상 능력을 한껏 키워줄 수 있는 좋은 작품임에도, 적절한 도움닫기 장치가 없어 단순한 핵심 요약 정리 식으로 기계적으로 소화되고 있는 작품들이 새롭게 조명받을 수 있도록 말이다.

<황만근은 이렇게 말했다>(성석제)

1. 황만근을 바라보는 이장(또 황영석)의 태도와 '민 씨'의 태도는 상당한 차이가 있다. 이장과 '민 씨'의 성격을 각각 어떻게 표현해야 할까?

2. 황만근을 어떤 사람이라고 봐야 할까? '모자란' 인물로 보이는 부분, '덕성'이 있는 인물로 보이는 부분을 각각 3개 이상 들어가며 말해보라.

3. 이 작품의 배경이 되는 농촌의 현실은 어떠한가? 당시 농촌 사회의 현실을 알 수 있는 문장을 찾아 근거를 들어가며 말해보라.

4. 소설 말미에 실린 황만근 묘비명(墓碑銘)을 소리 내어 읽어보라. 핑 눈물이 돌 것만 같은 구절이나 가슴이 따뜻해지는 구절, 인상적인 문장을 고르라면 어디를 고르고 싶은가? 밑줄을 그어보자. '민 씨'가 쓴 이 묘비명을 통해 작가가 하고 싶었던 말이 무엇인지 추측해보자.

<일용할 양식>(양귀자)

1. 소설에서 다음 예시와 같이 인물(경호 아버지, 김 반장, 고흥댁)의 처지를 알 수 있는 부분을 찾아라. 그 부분에 나타난 성격도 파악해보라.

   (예) 경호 아버지
   – 소설의 부분: 충청도 산골 마을에서 야망을 품고 상경한 이들 내외는 ~ 원미동 사람들에게 고루 인정을 받고 있었다.
   – 인물의 처지: 재산도 없고 무척 가난했지만 몇 년 만에 돈을 모아 '김포 쌀 상회'를 차렸고, 올 겨울에는 옆 칸을 헐어 가게 확장도 했다.
   – 인물의 성격: 억척스럽다.

2. 다음에 제시된 이 소설의 결말 부분 일부를 다시 읽어보라. 밑줄 친 문장의 속뜻은 무엇일까?

   "왜들 이렇게 장삿길로만 빠지는지 몰라."
   우리 정육점 여자의 우문이었다.
   "먹고 살기가 힘드니까 그렇지요."
   새댁이 즉각 현명한 답을 내놓았다.
   그러고는 잠시 말이 끊겼다. 매일매일을 살아 내야 한다는 점에서 원미동 여자들 모두는 각자 심란한 표정이었다. 그중에서도 시내 엄마가 가장 울상이었다. 아이들 속에서 끼여 놀던 지물포집 막둥이가 넘어졌는지 입을 크게 벌리고 앙앙 울어 대는 것을 신호로 여자들은 제각각 흩어져 버렸다. 그리고 빈자리에는 이른 봄볕만 엄청 푸졌다.

---

3. 이 소설의 제목 '일용할 양식'은 무슨 뜻일까?

4. 이 두 가지(위 2번, 3번 질문의 답)를 고려하여 작가가 독자에게 하고 싶었던 말이 무엇인지 추측해보라.

<수난이대>(하근찬)

1. 아들에 대한 감정을 알 수 있는 '만도'의 행동, 생각, 대화에 모두 밑줄을 그어
   보자. 그리고 그 문장에 담긴 감정을 한 단어로 말해보라.
   (예) 진수가 돌아온다. 진수가 살아서 돌아온다. → 벅차다

2. 다음 문장을 소리 내어 읽어보라. 작가는 왜 이 문장을 소설의 마지막 장면으
   로 삼았을까?

   만도는 아직 술기가 약간 있었으나, 용케 몸을 가누며 아들을 업고 외나무다리를
   조심조심 건너가는 것이었다.
   눈앞에 우뚝 솟은 용머리재가 이 광경을 가만히 내려다보고 있었다.

---

3. '만도'는 단순하고 소박하며 낙천적인 인물로 그려지고 있다. 만도의 성격이
   나타나는 장면을 모두 찾아보자. '만도'의 성격이 이 소설의 갈등 해결에 어
   떤 역할을 하는지 생각해보라.

차라리 원전을 읽자

고전소설
수업의 괴로움과
즐거움

고전, 선택받은 이야기의 힘

접속 코드를 찾아라

국어 교과서에는 일정한 분량으로 고전소설이 늘 실린다. 그런데 그냥 읽기에도 만만치 않은 고전소설을, 일부만 싣고 나머지 내용은 전체 줄거리로 대체하니 학생들의 호응을 끌기가 어렵다. 교사는 결국 작품에서 문제로 나올 만한 내용을 위주로 요약한 자료를 전달하는 식의 수업으로 진행하게 된다.

청소년에게 고전소설은 접속 지점을 찾기가 매우 어려운 서사다. 부모 세대가 나고 자란 1970~80년대 배경의 소설도 '옛날이야기'로 받아들이는 청소년에게 조선 시대 인물과 배경이 나오는 이야기란 난해한 글자 더미로 다가오기 십상이다. 그런 청소년에게도 고전소설 읽기가 필요하다면, 그 목표를 어디에 두어야 할까?

우선 고전소설이 시대의 흐름을 뛰어넘어 '선택받은 이야기'라는 점에 주목할 일이다. 그만큼 인간 정서의 원형을 건드리는 이야기라는 말이다. 시대와 연령, 유행이나 문화적 배경을 뛰어넘어 독자의 감성을 건드리는 어떤 이야기. 이 이야기와 접속할 수 있는 코드를 손에 쥘 수만 있다면 우리 학생들도 고전의 속살, 그리고 그 속에 배어 있는 우리네 삶의 원형을 맛보게 될 것이다.

바로 여기에 고전소설 수업의 즐거움이 있다. 이제는 거의 쓰이지 않는 옛 낱말들 풀이나 하다가 작품의 진짜 맛도 채 보기 전에 지쳐 물러나 앉는 고전소설 수업을 말하는 것이 아니다. 정교한 도움닫기 장치를 마련해 고전소설의 그윽한 대문을 열어젖힐 힘을 준비한 수업이라면, 현대 소설과 다른 종류의 감동을 맛볼 수 있을 것이다.

교과서에 실리는 고전소설은 전체 줄거리와 삽화를 포함해 10쪽을 넘지 않을 때가 많다. 현대 소설에 비해 특히 더 짧은 분량으로 줄여 싣는 것은 교과서 단원 구성의 난이도 조절과 수업 시수 안배 때문일 것이다. 이렇다 보니 장편 고전소설의 경우 축약의 정도가 더욱 심해서 소설의 속살을 접하기가 어려운 실정이다.

고전소설의 맛과 멋을 음미하는 수업, 어떻게 준비할까? 교과서에 실린 내용을 도입 삼아 작품을 소개하고 작품 전체가 실린 원전으로 읽을 때, 고전소설 수업이 차라리 더 쉬워지고 고전 특유의 맛과 향기가 살아나는 경험을 여러 번 했다.

물론 이렇게 원전 읽기를 할 경우 읽을 시간을 수업시간에 충분히 줘야 한다. 그런데 분량도 분량이지만 고전은 읽기 수준 차이가 많이 작용하기 때문에, 학생들이 지니고 다니며 수업시간 외에도 수시로 읽을 수 있도록 개인 책을 준비하도록 하는 게 좋다. 교사가 한 학급의 분량을 구입해 수업시간에 나눠줬다가 다시 걷는 윤독 방식으로는 모든 학생이 기간 내에 다 읽기 어렵기 때문이다.

책을 구입하기 어려운 학생은 지역 도서관에서 장기 대출하게 하는 것도 한 방법이다. 만약 활용할 수 있는 예산이 있다면 책을 학생 수만큼 구입해 나눠주어도 좋겠다. 고전소설이기에, 학교 예산 사용의 명분이 꽤 살아난다.

그럼 어떤 책을 고르면 좋을까? 소장할 만한 가치가 있을 만큼, 원문을 최대한 충실하게 살리되 현대적 감각과 청소년 눈높이에 맞게 풀이된 좋은 책으로 선정해 알려주는 것이 중요하다. 안 그러면 학생들은 초등학교 때 보던 동화로 축약된 책을 준비해온다. 좋은 책 선정과 구비는 이 수업의 중요한 첫 단추다.

고전소설 읽기 수업의 4단계

작품 맛보기, 대화 따라가기,
명장면 꼽아보기, 주제 음미하기

고전소설 완독하기 수업은 어떻게 진행할까? 교과서에 수록된 일부분을 활용해서 원전 읽기를 위해 도움닫기를 놓아가는 순서를 따라가 보자.

작품 맛보기

교과서에서는 중심인물과 핵심 갈등이 드러난 장면을 골라 고전소설을 싣는다. 발단, 전개, 절정, 대단원 중 어느 부분이든 작품의 개요가 드러나면서 흥미를 줄 수 있는 장면을 선택하기에, '미리보기' 영상으로 영화에 대한 기대감을 심어주듯 원전 읽기 수업 전체의 도입부로 활용하기에 적합하다.

우선 해당 작품에 대한 학생들의 배경지식 정도를 확인해볼 필요가 있다. 이를테면 '춘향전' 하면 떠오르는 단어를 모두 적어보게 하는 것만으로도 어느 정도 가늠해볼 수 있으며, 아는 내용에 대한 모둠 간 대화도 손쉽게 촉진할 수 있다. 재미 요소를 넣기 위해 간단한 O, X 퀴즈 형태의 질문도 활용해봄 직하다. 또한 원전의 맛을 잘 살린 영화나 공연 영상이 있다면, 교과서에 실린 장면 위주로 10분 내외로 잘라내 보여주는 것도 아주 좋다. 이는 학생들이 원전을 읽을 때 강력한 배경지식으로 작용한다.

고전소설을 현대어로 풀어 썼다고 해서 학생들이 읽고 바로 의미를 이해할 수 있는 것은 아니다. 요즘은 잘 쓰지 않는 한자어, 농경 생활에서 자주 쓰이던 사물이나 일상어, 신분에 따른 숱한 지칭어들까지, 독해를 어렵게 하는 어휘는 차고 넘친다. 그러다 보니 학생들은 자신이 이미 알고 있는 인물인데도, 가리키거나 서로 부를 때 사용하는 호칭에 막혀 헤매고, 인물의 옷차림이나 공간의 모습 같은 장면을 머릿속으로 떠올리며 읽는 데 실패한다. 이는 흥미를 유지하며 글을 읽어 나가는 데 강력한 장애 요소로 작용하여, 읽기를 포기하게 만들기도 한다. 마치 러시아 소설을 읽을 때 낯설고 긴 이름을 가진 여러 인물이 때로는 이름으로, 때로는 성이나 가운데 이름으로, 때로는 애칭으로 서로를 가리키며 전개되는 서사에서 혼란을 느끼는 초보 문학도의 상황과 비슷하다고 할까?

그래서 교과서 수록분을 본격적으로 읽기 전에 소설의 전체 줄거리를 모둠원과 함께 정리하는 기회를 주는 것도 도움이 된다. 줄거리 작성에 필요한 중심 단어를 스무 개 정도 주고 이를 활용해 줄거리를 작성해보면, 모둠 대화를 하면서 배경지식이 부족한 학생과 풍부한 학생 사이에 교류가 일어나고, 교과서 본문을 읽는 데 필요한 최소한의 배경지식을 갖추게 된다. 물론 교과서에 전체 줄거리가 제공되어 있긴 하지만, 대부분의 학생들은 그것을 눈여겨보지 않는다. 또 주요 사건들 사이의 선후 관계와 인과 관계 파악이 활성화되지 않은 상태에서는 사실 줄거리를 읽어도 별다른 의미 생성이 안 된다는 점을 교사들이 고려할 필요가 있다.

준비가 갖춰졌으면 교과서 본문을 읽을 시간을 준다. 교과서 수록분이 현대어로 거의 다듬어지지 않은 채 한자어 글투가 심각한 경우라면, 교사가 낭독 파일을 제공해주는 것도 도움이 된다. 귀로 들으며 눈으로 따라 읽는 수업을 시도해보는 것이다.

우리나라 고전소설은 4음보의 리듬감이 잘 살아 있기에 그 낭창낭창한 리듬감을 잘 살려 낭독 파일을 만들면 된다. 교사들은 작품을 낭독할 때 의미 단위로 끊어 읽는 전달에 능하기 때문에, 적절한 속도로 낭독이 제공되면 학생 입장에서는 읽기가 아주 쉬워진다. 독해를 가로막는 어휘들로 자갈길에 발부리 걸린 듯 계속 주춤거리는 학생들의 어려움을 덜어주는 좋은 도움 닫기가 된다.

교과서 수록분이 짧더라도 처음 읽을 때는 단어 중심으로 '훑어 읽기'를, 두 번째는 '꼼꼼히 읽기'를 유도한다. 꼼꼼히 읽을 때는, 작품의 핵심을 관통하는 교사의 발문에 대한 대답을 생각하며 읽으면 된다. 그 후 모둠 대화를 통해 이후에 이어질 원전 읽기 수업의 발판을 마련해두는 것이 좋다.

대화 따라가기

교과서 수록본을 읽으면서 학생들은 이제 작품에 대한 인상과 윤곽을 얻었다. 원전 읽기에 도전할 준비가 된 것이다. 장편의 긴 호흡을 따르는 동안, 흥미를 유지하며 읽는 것은 자신과 비슷한 청소년을 주인공으로 한 소설의 경우에도 쉽지만은 않다. 하물며 학생들이 자신과의 접점을 찾기 어려운 고전소설을 재미를 유지하며 끝까지 읽어내는 게 가능할까? 몇 가지 세심한 도움이 필수적이다.

우선 처음에는 인물의 대화를 중심으로 따라가며 읽는 것이 좋다. 고전소설의 등장인물, 대화나 서사 전개 방식, 묘사 등의 문체에 익숙해질 때까지 대화를 중심으로 서사의 흐름을 따라가게 하는 것이다. 실제로 학생들은 소설에 나오는 대화가 누구의 대화인지조차 제대로 파악하지 못한 상태에서 그냥 읽어 내려가고 있음을 확인할 때가 많다. 이럴 때 자신이 소설 내용을 잘 파악하며 읽고 있는지 스스로 점검할 수 있는 가장 간단한 방식이 따옴표 중심 읽기다. 큰따옴표 안의 말이 누구의 말인지 확인해서 책에 조그맣게 적어가며 읽으라는 간단한 지시만으로도 읽기를 독려하고 점검할 수 있다.

명장면 꼽아보기

대개 책의 10분의 1을 넘으면 어느 정도 낯섦도 해소되고, 이제 슬슬 고전소설이 펼쳐놓는 세계에 익숙해지기 시작한다. 주요 인물이 파악되고, 배경이 되는 시대와 공간이 익숙해지는 것이다. 본격적으로 고전소설의 멋과 맛에 잠겨들며 읽을 차례다.

이즈음부터는 독서 수준에 따라 자유롭게, 대화 옆에 등장인물 메모하며 읽기 여부를 선택해 진행한다. 이야기의 흐름을 자꾸 놓친다고 느끼면 계속 대화 옆에 메모하며 읽기를 유지하고, 그 정도는 문제없다고 느끼면 더 이상 메모를 하지 않아도 되는 것이다.

대신 고전소설을 깊이 있게 음미하며 읽을 수 있도록, 유의해서 읽을 만한 감상 포인트를 미리 짚어주는 것이 좋다. 가령 우리말의 가락과 재미가 살아 있는 장면을 표시하라고 하는 것도 좋은 감상 포인트가 될 수 있다. 고전소설만의 풍부한 언어 표현에 주목할 수 있도록 우리말 속담이나 고유의 관용구가 나오면 표시하라고 하는 것도 좋다. 작품의 특성에 따라 특화된 감상 포인트도 좋은데 낭만적인 장면, 통쾌한 장면, 우스꽝스러운 장면 등의 포인트를 적절하게 제시하여 어디에 초점을 두고 읽어야 할지 알 수 있게 한다.

주제 음미하기

원전 고전소설을 끝까지 읽었다면, 어려운 책을 다 함께 읽은 독서 체험이니만큼 이를 소중하게 활용해 학생들의 문학 감상 능력을 향상시켜줄 필요가 있다. 이 단계에서 교사의 비평적 안목이 특히 필요한데, 해당 고전의 주제와 구조를 관통하는 핵심 장치가 무엇인지 고민해야 하기 때문이다.

특히 권선징악의 형태로 지나치게 단순하게 기억되기 쉬운 고전소설의 주제를 근원에서부터 제대로 탐색해볼 수 있는 발문이어야 한다. 그렇다고 해서 너무 고차원적인 질문을 하나만 툭 던지기보다는, 단계를 밟아가며 점차 사고를 심화 확장할 수 있도록 고안하는 게 좋다.

《춘향전》을 예로 들면 이렇다. '춘향'은 흔히 열녀(烈女)라고들 한다. 하지만 《춘향전》을 읽어보면 춘향의 성격은 그렇게 단순하게 묘사되어 있지 않다. 춘향은 절세가인이요 요조숙녀이지만, 콧대가 높고 영악한 데도 있다. 용감하고 의지가 굳센 것을 넘어 사납게 패악을 부리는 장면도 나온다. 이렇게 다채롭게 설정된 춘향의 성격을 파악할 수 있는 장면을 모두 찾아보게 하고, 그 내용을 근거로 춘향의 성격을 다양하고 풍부하게 분석해보라고 한다면 입체적인 고전 감상이 가능해진다.

입체적인 감상 태도는 고전의 주제를 음미할 때도 꼭 필요하다. 춘향의 사랑을 이야기할 때 흔히 '절개(節槪)'를 이야기하지만, 원전을 음미해보면 춘향의 사랑은 처음부터 그렇게 고정적이지 않았음을 느낄 수 있다. 소설의 전개와 더불어 사랑의 성격이 변모해갔다. 처음에는 다분히 신분 상승의 열망에서 시작한 사랑이었지만, 젊은 남녀 사이의 열정이 한껏 표현되기도 하고, 변 사또의 등장과 더불어 부당한 신분 질서에 저항하는 성격을 띠더니, 이별과 신분적 질곡이라는 시련을 통과하는 과정에서 마침내 한 인간의 질곡과 내적 약점까지 뛰어넘는 인간 해방의 성격으로 변모해간다.

이러한 과정을,《춘향전》의 구체적인 장면을 근거로 들어가며 이야기할 수 있다면 고전소설에 대한 심층적인 감상이 이루어질 것이다.

한눈에 보는
고전소설 읽기
수업

작품 맛보기

1. '춘향전' 하면 떠오르는 단어를 모두 적어보자. (15개 이상)

2. 《춘향전》 O, X 퀴즈
   ① 춘향의 고향은 광주다. (O, X)
   ② 춘향의 아버지는 양반이다. (O, X)
   ③ 춘향의 어머니는 기생 명월이다. (O, X)
   ④ 춘향이 사랑한 남자는 '몽룡'이다. (O, X)
   ⑤ 《춘향전》은 고려 시대에 유행한 소설이다. (O, X)

3. 영화 〈춘향전〉의 결말(암행어사 출두)을 감상한다. 영상의 내용을 모둠별로
   정리해보자.
   ※조건: '춘향, 이몽룡, 변학도, 월매 / 남원, 수청 요구, 생일 잔치, 걸인, 암행
   어사, 탐관오리, 정렬부인, 한양, 백년동락' 등의 단어를 사용하여 적을 것

4. 《춘향전》 낭독 파일을 들으며 본문을 읽어보자. 이해하기 어려운 어휘에 O
   표시를 하고, 그 뜻을 찾아 적어보자.

5. '왜 그랬을까?' 생각하며 읽기
   이몽룡의 한시를 원문(현대어 풀이 포함) 그대로 옮겨 적어보자. 이 시를 통해
   이몽룡이 말하고 싶었던 것은 무엇일까?
   ※힌트: 시 속에 드러나는 변 사또의 성격 및 남원의 모습을 추측해볼 것

6. 암행어사가 출두하는 장면 중 각각 '위엄', '통쾌', '해학'이 느껴지는 부분을 교과서 본문에서 찾아 그대로 옮겨 적어보자.

① 위엄이 느껴지는 부분

② 통쾌함이 느껴지는 부분

③ 해학이 느껴지는 부분

명장면 꼽아보기

1. 원전《춘향전》을 읽으며 명장면을 꼽아 그대로 옮겨 써보라.

① 우리말의 가락과 재미가 살아 있는 명장면

( )쪽 ( )줄 ~ ( )쪽 ( )줄	

② 묘사가 섬세한 명장면

( )쪽 ( )줄 ~ ( )쪽 ( )줄	

③ (한) 명장면

※명장면 선정 기준의 예: 가장 낭만적인 장면, 가장 통쾌한 장면, 가장 우스
꽝스러운 장면 등

( )쪽 ( )줄
~
( )쪽 ( )줄

2. 원전 《춘향전》에 나오는 우리말 속담이나 순우리말 관용구를 적고 그 의미
를 조사하라.

주제 음미하기

1. '춘향'은 흔히 열녀(烈女)라고들 한다. 하지만 《춘향전》을 읽어보면 춘향의
성격은 그렇게 단순하게 묘사되어 있지 않다. 다음의 성격이 나와 있는 장면
을 《춘향전》에서 찾아보고, 이를 근거로 들어가며 '춘향'의 성격을 다양하고
풍부하게 파악해보라.

절세가인, 콧대가 높다, 요조숙녀, 사납다, 영악하다, 용감하다, 의지가 굳다

2. '춘향'의 사랑을 이야기할 때 흔히 '절개(節槪)'를 이야기한다. 다음 단어를 고
려하여 춘향의 사랑이 어떻게 변모해가는지 토의해보라.
※이때 《춘향전》의 장면을 근거로 들어가며 이야기하면 더욱 좋다.

신분, 열정, 저항, 인간 해방

평가

비평문 쓰기

원전으로 고전소설을 읽어보는 것은 학생들에게 매우 드물고 귀한 경험임에 틀림없다. 교사의 안내를 받아 자신의 읽기 능력을 상회하는 고전 읽기에 도전해보고, 읽은 내용을 바탕으로 의미 있는 질문에 관해 친구들과 생각을 교류해보는 것은 문학 감상 능력과 사고력에 커다란 자극이 된다. 적지 않은 시간을 투자해 활동을 연쇄적으로 조직하는 수업이기에, 과정 자체를 수행평가에 포함하는 것도 교수·학습과 평가를 일치시키는 좋은 방향이 될 것이다.

평가는 구체적으로 어떻게 하면 좋을까? 학생들의 고전소설 읽기 경험과 토의 과정이 고스란히 평가와 연결되도록, 적절한 논제를 제시해 논리적인 형태의 비평문으로 작성하게 해보면 좋을 것이다.

《춘향전》이라면 "춘향의 사랑이 이 도령과의 첫 만남 이후 어떻게 변모해가는지 논하라"는 논제는 좋은 예가 되겠다. 이러한 비평문 작성 수행평가의 경우, 아예 손을 대지 못하는 학생이나 반대로 인터넷 등에서 베껴온 내용을 그대로 재탕하는 학생이 생기는 것을 막을 필요가 있다. 따라서 학생 자신의 독서 경험이 그대로 드러나도록 읽기 과정을 탐구하는 질문을 평가에 포함하는 것이 좋다.

예를 들어, "춘향의 사랑이 지닌 의미가 잘 드러난 대화(또는 장면)를 한 가지씩 찾아 그대로 쓰라"는 질문을 넣는다면, 비평문을 쓰지 못한 학생이라도 읽기 과정에 충실하게 참여했다면 답할 수 있다. 반대로 인터넷에서 용어나 생각을 베껴와 비평문을 쓰고 있는 학생이라면, 이처럼 자신이 읽은 경험을 직접적으로 연관시키는 질문에는 선뜻 답하기 어려운 망설임의 순간이 있을 것이다.

자신이 읽은 장면을 인용하게 하되, '주제 음미하기' 시간에 제시한 토의 주제를 다시 한 번 가져와 신분 상승의 열망, 남녀 간 열정, 부당한 권력에 대한 저항이라는 세 측면이 잘 드러나게 선정하라고 하면 학생들이 더욱 예리하게 인용문을 뽑게 된다.

1. 춘향의 사랑이 지닌 의미가 잘 드러난 대화(또는 장면)를 1가지씩 찾아
   그대로 쓰시오.

   ① 신분 상승의 열망 (쪽   줄 ~   쪽   줄)

   ----

   ② 남녀 간 열정 (쪽   줄 ~   쪽   줄)

   ----

   ③ 부당한 권력에 대한 저항 (쪽   줄 ~   쪽   줄)

   ----

2. 위 1번의 제시어 3가지를 모두 활용해 춘향의 사랑이 이 도령과의 첫
   만남 이후 어떻게 변모해가는지 논하시오.

   이러한 평가에서 우리는 대략 다음 다섯 가지 정도의 평가
요소를 추출해볼 수 있을 것이다.

   ✦ 논제를 정확히 이해하고 깊이 있게 분석하는가?
   ✦ 타당한 근거를 작품 속에서 찾아 제시하며 논지를 전개하는가?
   ✦ 설정한 논제에 관하여 작품을 비평할 수 있는가?
   ✦ 정확하고 완결성 있는 문장을 써 글을 완성하는가?
   ✦ 맞춤법, 띄어쓰기, 문단 구분 등 어법을 잘 지키는가?

고전 읽기 수업의 확장과 응용
장편소설에 도전하기

지금까지 설명한 수업은 꼭 고전소설만 가지고 해야 하는 것은 아니다. 학생들이 혼자 읽기 어려운 장편소설이지만 교육과정의 필요상 꼭 읽히고 싶은 책이 있을 때도 적용할 수 있는 수업 방식이다.

교사의 안내로 몇 가지 도움닫기 장치를 마련해 함께 읽고, 또 교사가 준비한 질문을 발판 삼아 친구들과 토의할 수 있다면, 다소 어려운 책도 학생들은 읽어낼 수 있다. 어려운 한 권의 책을 함께 읽은 경험은 학생들에게 꽤 깊이 있는 문학적 사건으로 작용해 감상 능력을 한 단계 끌어올린다.

다음은 《다산의 아버님께》(안소영, 보림, 2008)를 읽고 중학교 3학년 학생들과 함께 수업한 사례다. 이 사례를 통해 원전 고전 읽기 수업의 확장을 기획해보자. 예컨대 고전으로 일컬어지는 《어린 왕자》나 《수레바퀴 아래에서》 같은 장편소설을 함께 읽는 수업을 설계해볼 수 있을 것이다.

《다산의 아버님께》는 다산 정약용의 둘째아들을 서술자 '나'로 설정하여, 열여섯 소년에게 닥친 아버지 삶의 파란과 그로 인한 아들의 성장을 다루고 있다. 역사적 배경지식도 필요하고, 긴 세월을 오가는 구성이라 중학교 3학년 학생들이 읽기에는 다소 어려웠지만, 동시대의 쉬운 청소년 성장 소설을 읽고 나눴던 것과는 또 다른 감동을 낳았던 수업이다.

학생들 수준보다 높은 장편소설을 함께 완독하기 위해 교사가 마련했던 도움닫기 장치를 따라가 보자.

작품 맛보기

정약용의 삶을 다룬 짧은 역사 다큐를 보여주어 미리 작품에 관한 배경지식을 제공한다. 〈실학을 완성한 공학자, 정약용〉(YTN 사이언스 다큐프라임, 2018)도 적절히 활용할 만하다. 또 정약용 일가의 가계도를 미리 나눠주고, 소설을 읽다가 가계도에 나오는 인물이 나오면 ∨표를 하게 하여, 많은 인물이 나오는 소설의 숲속에서 길을 잃지 않게 돕는다.

차례 따라가기

이 소설은 '다산 가는 길'부터 시작해 '다산에서 소내로'에 이르기까지 총 10장으로 나뉘어 전개된다. 회상과 현실이 오가며 진행되는 데다가 역사적 배경에 대한 지식도 필요하기에, 읽고도 무엇을 읽었는지 헤매기 쉽다. 이런 학생들을 위해 차례 중심으로 따라가며 읽을 수 있도록 안내 지도를 만들었다.

첫 장인 '다산 가는 길'은 교사가 직접 내용을 한두 문장으로 정리해준다. 자신이 읽은 내용을 이 정도로 정리하면 된다는 것을 학생들이 직관적으로 알 수 있게 하기 위해서다. 필요하다면 과거 사건인지 현재 진행인지, 각 장의 내용을 요약할 때 디딤돌이 될 만한 키워드도 제시해준다.

다음은 소설 《다산의 아버님께》의 차례이다. 읽은 내용을 <예시>처럼 정리하라.

1부. 다산, 아버님에게로
1. 다산 가는 길 p.12~28   현재(1808년 4월)
<예시> 40세 되시던 1801년 유배를 떠난 뒤 7년간 한 번도 만나지 못한 아버지 정약용을 만나러 정학유(23세)는 고향 소내(현재 남양주시 조안면 마현마을)에서 출발, 다산(현재 전라남도 강진군 도암면 귤동마을)으로 향한다.

명장면 꼽아보기

이 수업을 듣는 학생들의 나이와 소설 속 서술자의 나이가 겹치는 것이 이 소설만의 가치라고 보았다. 학생들이 열여섯의 자신과 열여섯의 정학유, 나의 고통과 정학유의 고통, 나의 아버지와 정학유의 아버지, 그 사이에 가로놓인 200년의 시간을 끊임없이 오갈 수 있을 때, 학교-학원-집의 트라이앵글에 갇힌 눈과 가슴은 활짝 열릴 것이다. 그리고 이렇게 읽는 동안 열여섯이라는 나이는 내내 꽤, 근사한 끌림일 터였다.

그래서 이 소설의 명장면은 아버지의 마음과 아들인 '나'의 마음이 진하게 전해지는 찰나에서 꼽으면 좋을 것이라고 보았다. '아버지의 마음', '아들의 마음'이라는 발문은 그렇게 만들어졌다. 작품 자체가 어려우니 계속하여 작품으로 되돌아올 수 있도록 아예 울림이 큰 장면을 교사가 미리 골라두었고, 그 장면을 친구들 앞에서 낭독하게 했다. 낭독한 다음 거기에서 알 수 있는 인물들의 마음을 이야기해보라고 하면, 어려운 책임에도 제법 도란도란 이야기가 오고 가는 모습을 볼 수 있다. 낭독은 생각보다 힘이 셌다.

✦ 아버지의 마음

다음은 다산 정약용이 아들들에게 보낸 편지와 아들 정학유를 만났을 때
한 말에서 발췌한 것이다. 해당 쪽을 펴 소리 내어 읽어보라(한 부분씩 돌아
가며). 각각에서 알 수 있는 아버지 정약용의 마음을 모두 이야기해보라.

(183쪽) 이별할 때의 회포를 말해서 무엇하랴. 어느 날 네 어머니를 모시
고 고향으로 갔는지? (중략) 떠나올 때 보니 네 어머니 얼굴이 몹시 안 되
었더라. 잊지 말고 늘 음식 대접과 약 시중을 잘 해드려라.

– 1801년 3월 2일, 하담에 도착해 쓴다, 정약용

✦ 아들의 마음

다음은 16세부터 28세까지 정학유의 말과 글, 행동에서 발췌한 것이다.
해당 쪽을 펴 소리 내어 읽어보라(한 부분씩 돌아가며). 1801년 사건 후 학
유의 마음이 처음에는 어떠했고, 어떤 과정을 거쳐 어떻게 성장해가는지
토론해보라.

(185~186쪽) 유달리 추웠던 신유년의 겨울, 추위와 주림, 걱정과 근심에
반쯤 넋이 나간 식구들의 얼굴을 보고 있기가 무척 힘이 들었다. (중략) 어
째서 그 순간 바로 그만두지 않았느냐고, 제풀에 흐느꼈다.

주제 음미하기

이제 작품을 주체적으로 해석해 학생들이 자신만의 심미적 경험으로 남길 차례다. 이를 위해 두 가지 토의 주제를 던져보았다. 우선 서술자인 '나'를 독자 자신의 삶에 비추어보기 위해 등장인물 '정학유'에 주목한다. '학유'의 마음이 1801년 아버지 정약용의 귀양 후 처음에는 어떠했고, 어떤 과정을 거쳐 어떻게 성장해가는지 토의해보라고 했다. 작품 전체를 조망하면서 작품 속 청소년인 '나'의 아픔과 성장에 주목해보게 한 것이다.

다음으로 서술자인 '나'의 눈에 비친 '아버지'의 고난과 고통, 역경과 자기 단련 역시 이 작품에서 상당한 비중을 차지하고 있다는 점에도 주목했다. '아버지' 정약용이 삶을 살았던 방식 중에서 독자인 자신에게 인상 깊었던 점을 두 가지 이상 꼽아보는 토의 기회도 가져보았다.

 ✦ 1801년 사건 후 '학유'의 마음이 처음에는 어떠했고, 어떤 과정을 거쳐 어떻게 성장해가는지 토의해보라.
 ✦ 다산 정약용이 삶을 살았던 방식 중 인상 깊었던 점을 두 가지 이상 꼽아 토의해보라.

이러한 토의를 마친 후 깊어진 생각을 글쓰기로 표현할 기회를 주고, 이를 평가에 반영하는 것도 시도해볼 만하다. 이를 위해 정약용의 삶의 중요한 변곡점마다 들어서 있는 시를 세 편 정도 고른 뒤, 각 시를 쓸 당시 정약용의 상황을 설명하면서 이 시를 해설하고, 각 시에 대한 자신의 느낌을 표현하게 하는 것이다. 작품에서 다룬 삶의 가치를 자기 삶에 비추어보는 내면화 정도를 평가하기 위해 정약용이 삶을 살았던 방식 중 인상 깊었던 점을 두 가지 이상 꼽고, 이를 자신의 삶에 비추어 논하게 할 수도 있다.

한눈에 보는
장편소설 읽기
수업

차례 따라가기

1부. 다산, 아버님에게로

<예시> 40세 되시던 1801년 유배를 떠난 뒤 7년간 한 번도 만나지 못한 아버지 정약용을 만나러 정학유(23세)는 고향 소내(현재 남양주시 조안면 마현마을)에서 출발, 다산(현재 전라남도 강진군 도암면 귤동마을)으로 향한다.

• 정조의 죽음과 정약용의 유배 • 정약용과 천주교 • 천 사람을 죽여도 정약용을 죽이지 않는다면

• 정약용의 가르침과 정학유의 배움 • 부자(父子)의 정(情)

• 정약용의 젊은 날(서학, 아버지 사망, 수원 화성, 거중기, 명례방의 작은 집, 금정 찰방, 죽란시사, 곡산 부사)

• 정약용, 유배지에서 백성들의 참혹한 현실을 목격하다 • 2년간 아버지의 가르침을 받고 다시 소내로 돌아가는 정학유

2부. 소내, 삶은 강물처럼 흐르고

명장면 꼽아보기

1. 아버지의 마음

다음은 다산 정약용이 아들들에게 보낸 편지와 아들 정학유를 만났을 때 한 말에서 발췌한 것이다. 해당 쪽을 펴 소리 내어 읽어보라(한 부분씩 돌아가며). 각각에서 알 수 있는 아버지 정약용의 마음을 모두 이야기해보라.

183쪽
이별할 때의 회포를 말해서 무엇하랴. 어느 날 네 어머니를 모시고 고향으로 갔는지? (중략) 떠나올 때 보니 네 어머니 얼굴이 몹시 안 되었더라. 잊지 말고 늘 음식 대접과 약 시중을 잘 해드려라.

         – 1801년 3월 2일, 하담에 도착해 쓴다, 정약용

190쪽

너희 처지가 비록 벼슬길은 막혔어도 성인이 되는 일이야 막힌 것이 아니지 않느냐? (중략) 즉, 너희들이 독서하는 것은 내 목숨을 살려주는 것이다. 이런 이치를 부디 생각해보거라.

– 1802년 12월 22일, 강진에서 귀양 살면서 쓰다, 정약용

69쪽

"그동안 많이 자랐구나. 수염이 짙어 못 알아볼 뻔했다. 눈물은 여전히 많구나."

74쪽

정작 숟가락질을 자주 멈춘 것은 아버님이셨다. 물기 어린 따스한 눈으로 내가 밥 먹는 모습을 오래도록 바라보고 계셨다.

87쪽

"학유야, 내 너에게 일러줄 말이 있다. 사나이라면 항상 가을 매가 하늘로 치솟아 오르는 기상을 가슴에 품고 있어야 한다. (중략) 어릴 때 너의 그 거침없는 기세는 어디로 간 게냐?"

2. 아들의 마음

다음은 16세부터 28세까지 정학유의 말과 글, 행동에서 발췌한 것이다. 해당 쪽을 펴 소리 내어 읽어보라(한 부분씩 돌아가며). 1801년 사건 후 학유의 마음이 처음에는 어떠했고, 어떤 과정을 거쳐 어떻게 성장해가는지 토론해보라.

185~186쪽

유달리 추웠던 신유년의 겨울, 추위와 주림, 걱정과 근심에 반쯤 넋이 나간 식구들의 얼굴을 보고 있기가 무척 힘이 들었다. (중략) 어째서 그 순간 바로 그만 두지 않았느냐고, 제풀에 흐느꼈다.

64쪽

하룻밤만 묵고 갈 작정이었는데 꼬박 이틀을 주막집 방에서 앓은 모양이다. (중략) 나른하기만 했다.

79~81쪽

하루하루 맥없이 무료하게 보내던 소내에서의 날들과 달리, 이곳에서의 시간은 날마다 새롭고 의미 있게 채워져서일까. (중략) 운명이 내려준 형벌에 순응하지만은 않은 시간들이었던 것이다.

83~84쪽

평소 아버님은 셋째아버님에 대한 이야기를 하신 적이 없다. (중략) 차마 떠올릴 수 없기 때문이 아닐까.

88쪽

초당의 벗들 중에는 과거에 뜻을 두고 있는 사람도 있었고, (중략) 내가 할 수 있는 일이 있을 것도 같았다.

93~196쪽

예전에 아버님께서 이런 말씀을 하셨지요. 가난과 곤궁이 반드시 나쁜 것만은 아니라고. (중략) 저는 이제야 비로소 어렴풋하게나마 그 말씀을 이해할 수 있을 것 같습니다.

주제 음미하기

(가)

아버님, 아시나요 모르시나요
어머님, 아시나요 모르시나요
집안이 갑자기 무너져버려
죽은 자식 산 자식 이 꼴이 되었어요.
남은 목숨 이어가 봐도
크게 이루기는 이미 틀렸답니다.
자식 낳고 부모님은 기뻐하시며
부지런히 어루만져 길러주셨지요.
하늘 같은 그 은혜 꼭 갚으려 했는데

이리 풀 베듯 베일 줄 생각이나 했을까요.
세상 사람들에게 다시는
자식 낳았다 축하 말라 해야겠네요.
– <하담의 이별>, 정약용, 1801

(나)
다북쑥 뜯네
다북쑥 뜯네
다북쑥이 아니라
물쑥을 뜯네

떼를 지어 가네
양떼처럼 가네
저기 저 산으로
쑥 뜯으러 가네

퍼런 치마 펄렁펄렁
누런 머리 너털너털
쑥 뜯어 뭘 하려나
눈물만 덤벙덤벙

시루엔 곡식 한 톨 없고
들에는 새싹 하나 없이
오직 쑥만 자라
무더기를 이뤘기에

볕 쬐고 말리고
데치고 절여서
미음 쑤고 죽 쑤려
그래서 캐는 거지
– <다북쑥 뜯네>, 정약용, 1809

(다)

훨훨 새들 날아와 뜨락 매화나무에 앉았네.

매화꽃 향기 가득하니 사모해 찾아왔다네.

가지마다 네 보금자리, 즐거이 지내거라.

꽃 피어 화려하니 열매도 풍요로우리.

– <매화와 새 그림>, 정약용, 1813

1. (가)~(다) 시를 쓸 당시의 다산 정약용의 상황을 설명하면서 세 편을 각각 해설하고, 각 시에 대한 자신의 느낌을 표현하시오. (400자 내외)

2. 다산 정약용이 삶을 살았던 방식 중 인상 깊었던 점을 두 가지 이상 꼽고, 이를 자신의 삶에 비추어 논하시오. (400자 내외)